POLICE ET SURVEILLANCE DE L'EXTRÊME-DROITE EN ALLEMAGNE

Collection « Inter-National »
dirigée par Denis Rolland,
Joëlle Chassin et Françoise Dekowski

Cette collection a pour vocation de présenter les études les plus récentes sur les institutions, les politiques publiques et les forces politiques et culturelles à l'œuvre aujourd'hui. Au croisement des disciplines juridiques, des sciences politiques, des relations internationales, de l'histoire et de l'anthropologie, elle se propose, dans une perspective pluridisciplinaire, d'éclairer les enjeux de la scène mondiale et européenne.

Série Premières Synthèses – jeunes chercheurs (dernières parutions) :

Victor CHAUVET, *La triangulaire diplomatique Danemark-Groenland-Union européenne. La politique énergétique, environnementale et l'intégration régionale dans l'espace polaire européen*, 2014.
Cécile MARGUET, *Une famille au Cambodge. Rôle du souvenir et transmission des valeurs*, 2014.
Marine BOURGEOIS, *Gérer au quotidien l'attribution des logements sociaux. Enquête ethnographique dans un organisme HLM*, 2013.
Camille BOULLENOIS, *La révolution culturelle chinoise sous le regard des Français (1966-1971),* 2013.
Victoire DEWAEGENEIRE, *La photographie humanitaire en question. Entre éthique du photographe et loi du tapage médiatique*, 2013. Concours Sciences-Po 2011-2012.
Stéphanie TRILLE, *La coopération territoriale en Europe. L'exemple de la frontière franco-espagnole*, 2013. Concours Sciences-Po 2011-2012.
R. FATHI, Représentations muséales du corps combattant de 1914-18. *L'*Australian War Memorial *de Canberra et l'Historial de la Grande Guerre de Péronne*, 2013. Concours Sciences-Po 2011-2012.
Flore LEMOINE-GOUÉDARD, *Le Mexique et l'Europe : droits de l'homme et coopération*, 2013.
Clara BAMBERGER, *Femmes et médias : une image partiale et partielle*, 2012.
Fanny PARENT, *Le feng-shui en France. Aménagement de l'espace, aménagement de soi*, 2012
Louis-Marie BUREAU, *La pensée de Fethullah Gülen. Aux sources de l'islamisme modéré*, 2012.
Damien LARROUQUÉ, *Le plan Ceibal en Uruguay. Un exemple de bonne gouvernance ?* , 2012
Benjamin BORD, *Du bouclier antimissile aux nouvelles relations américano-russes (2000-2011)*, 2012.

Bénédicte LAUMOND

POLICE ET SURVEILLANCE DE L'EXTRÊME-DROITE EN ALLEMAGNE

Préface d'Alexandre DEZE

L'Harmattan

5-7, rue de l'École-Polytechnique ; 75005 Paris
http://www.harmattan.fr
diffusion.harmattan@wanadoo.fr
harmattan1@wanadoo.fr
ISBN : 978-2-343-05288-5
EAN : 9782343052885

Remerciements

Je tiens tout d'abord à remercier le Dr Alexandre Dézé, qui m'a toujours soutenue dans ma volonté de mener ce projet de recherche. Son optimisme indéfectible, ainsi que ses précieux conseils, m'ont permis de produire ce travail académique.

Par ailleurs, mes remerciements se dirigent également au Professeur Hans-Gerd Jaschke, sans qui, mon terrain de recherche n'aurait certainement pas été aussi riche en enseignements.

Je remercie en outre le Centre Interdisciplinaire d'Études et de Recherches sur l'Allemagne (CIERA) qui m'a accordé une bourse de recherche afin de pouvoir financer mon enquête de terrain en Allemagne et m'a ainsi permis de mener ce travail à bien.

De la même manière, je tiens à remercier le CESDIP qui a rendu cette publication possible.

Merci à tous les élus, collaborateurs d'élus et fonctionnaires allemands qui ont accepté de m'accorder de leur temps afin que je puisse leur poser mes questions.

Enfin, un grand merci à ma mère, qui grâce à ses bons conseils et à sa patience, m'a permis de peaufiner ce mémoire de recherche.

Lexique

Abteilung	Service administratif.
Acht Punkte Programm	Programme du Ministère de l'Intérieur de NRW en huit points afin de lutter contre l'extrémisme de droite.
Allgemeine Aufbauorganisation	Organisation classique des services de police.
Amtshilfe	Entraide administrative.
Anti-Antifa	Mouvance d'extrême-droite luttant contre les mouvements Antifa.
Anti-Terror Datei	Base de données des services de renseignement et de la police fichant les personnes soupçonnées d'avoir des activités islamistes en Allemagne.
Auswerter	Agents des services de renseignement qui analysent les informations obtenues par les *Beschaffer* et les sources publiques comme internet ou la presse.
Autonomen Nationalisten	Nationalistes Autonomes, groupe d'extrême droite en Rhénanie du Nord.
Behördenvielfalt	La diversité des administrations.
Beschaffer	Agents des services de renseignement qui communiquent avec les

	indicateurs issus de mouvements extrémistes.
Besondere Aufbauorganisation	Outils permettant de créer un service de police s'adaptant à une problématique de terrain spécifique.
Bestrebung	Tentative
Bundeskriminalamt	Office fédéral de police judiciaire.
Bundesnachrichtendienst	Service fédéral du renseignement extérieur.
Bundespolizei	Police fédérale.
Bundesrat	Chambre du Parlement représentant les régions.
Bundestag	Chambre du Parlement assurant la représentation du peuple allemand dans son ensemble.
Bundesverfassungsschutz	Service fédéral pour la protection de la Constitution
Die Linke	Parti politique de gauche radicale.
Ewigkeitsklausel	Clause perpétuelle garantissant le caractère perpétuel des valeurs constitutionnelles.
Freiheitliche Demokratische Grundordnung	Ordre constitutionnel libéral et démocratique
Freiheitliche Partei Österreichs	Parti populiste autrichien de la droite radicale
Führungsperson	Leader.
Gaststättenrecht	Droit de la restauration.
Gebot	Commandement.
Gefahrenabwehr	Sûreté.
Geheime Staatspolizei	Gestapo – Police secrète d'État sous le IIIe Reich.

Gemeinsames Extremismus- und Terrorismusabwehrzentrum	Centre de coopération. contre l'extrémisme de droite.
Gemeinsames Abwehrzentrum gegen Rechtsextremismus	Centre de coopération ayant précédé la création du GETZ
Grundgesetz	Constitution
Höherer Dienst	Haute fonction publique
Innenausschuss	Commission des affaires intérieures.
Innenministerkonferenz	Conférence des ministres de l'Intérieur allemands.
Junge Nationaldemokraten	Mouvement des jeunes nationaux-démocrates.
Kameradschaften	Camaraderies (groupes d'extrême droite).
Kein Raum für Rechtsextreme	Nouveau projet de la police de Dortmund : « pas de place pour l'extrême droite »
Konzept Rechts	Ancien plan dc la police de Dortmund luttant contre l'extrémisme de droite dans l'espace public
Land/ Länder	Régions allemandes (Sg./Pl.)
Landesamt	Office régional.
Landespolizei	Police régionale.
Landesverfassungsschutz	Services régionaux pour la protection de la Constitution.
Legalitätsprinzip	Principe de légalité.
Militärischer Abschirmdienst	Service de renseignement militaire.
Mobile Einsatzgruppen	Unités de terrain de police du Brandebourg luttant contre les groupes

	d'extrême droite.
Nationaldemokratische Partei Deutschlands	Parti national-démocratique allemand.
Nationalsozialistischer Untergrund	Clandestinité nationale-socialiste.
Nordrhein-Westfalen	Rhénanie du Nord-Westphalie.
Opportunitätsprinzip	Principe d'opportunité.
Polizeibrief	Lettre sur la police, écrite par les forces Alliés en 1949.
Rahmenkonzept gegen Rechtsextremismus	Concept contre l'extrémisme de droite.
Rechtsextremismus-Datei	Base de données commune aux services de renseignement et de police répertoriant les extrémistes de droite.
Rechtsstaat	État de droit.
Republikaner	Parti des Républicains.
Ring Nationaler Frauen	Cercle des femmes nationalistes.
Skinheads Sächsische Schweiz	Association Skinhead de la Suisse saxonne.
Sozialdemokratische Partei	Parti social-démocrate.
Sozialistische Reichspartei	Parti du Reich socialiste.
Staatsschutz	Services de sûreté de l'État.
Streitbare wehrhafte Demokratie	Démocratie militante.
Thüringer Heimatsschutz	Protection patriote de Thuringe.
Trennungsgebot	Règle de séparation entre les services de renseignement et de police.
Unsterblichen	Mouvement des immortels
V-Leute	Informateurs.

Verfassungsschutz	Services de protection de la Constitution
Versammlungsrecht	Droit d'association
Volksgemeinschaft	Communauté du peuple
Volkstod	Mort du peuple
Volksfeindlich	Hostile au peuple
VS-Geheim	Secret défense
Zusammenarbeitspflicht	Obligation de coopération

Préface

Issu d'un mémoire de Master 2 en sociologie politique comparée soutenu à Sciences Po Paris en 2013, l'ouvrage de Bénédicte Laumond arrive à point nommé pour quiconque s'intéresse à l'extrémisme politique en général et à ce phénomène en Allemagne en particulier. Alors même qu'une nouvelle procédure de dissolution du parti néonazi allemand – le NPD – a été engagée en décembre 2013 par le *Bundesrat*, la publication de ce livre apporte en effet un éclairage précieux sur les rapports complexes et singuliers qu'entretiennent, outre-Rhin, l'État, les administrations de sécurité et les formations extrêmes droitières.

Bénédicte Laumond a commencé à s'intéresser à l'extrême droite allemande en 2011, alors qu'elle était étudiante à Sciences Po Paris et effectuait un stage au Bundestag comme assistante parlementaire auprès d'une élue fédérale en charge de la lutte contre les groupes extrêmes droitiers. La conjonction de cette expérience et de la résurgence, la même année, des activités meurtrières du groupe clandestin national-socialiste (le NSU), ont fait naître chez elle un questionnement – comment ce type d'activisme est-il possible dans un État réputé comme étant l'un des mieux armés institutionnellement pour y faire face ? – et un sujet de recherche, qui a été à la base de son travail de master 2 : l'analyse des rouages du dispositif de lutte existant. Bénédicte Laumond avait jusqu'alors suivi un cursus spécialisé en Affaires publiques. En un laps de temps très limité, il a donc fallu qu'elle se forme aux principes et méthodes de la Sociologie politique et qu'elle engage un travail de terrain. Sa capacité à relever ce double défi mérite d'être amplement saluée tant elle a su faire montre, au cours de son travail, de toutes les qualités attendues d'une politiste, assimilant une vaste littérature et réalisant une très belle enquête pour laquelle elle a réussi, en outre, à obtenir le soutien financier du CIERA[1] et

[1] Centre interdisciplinaire d'études et de recherches sur l'Allemagne.

l'appui institutionnel de la *Hochschule für Wirtschaft und Recht* de Berlin, avec un rattachement auprès du professeur Hans-Gerd Jaschke, l'un des spécialistes allemands de l'extrémisme de droite. La publication de cet ouvrage vient en quelque sorte consacrer cet investissement mais aussi la qualité d'une recherche qui s'avère riche de plusieurs apports.

Le livre que l'on tient en main constitue tout d'abord l'une des rares contributions académiques de langue française sur l'extrémisme de droite allemand. Avec les travaux de Patrick Moreau ou de Stéphane François, il comble assurément un vide dans le champ de la recherche hexagonale, qui souffre d'une excessive focalisation sur le Front national et peine à s'intéresser aux autres cas en Europe. Le premier chapitre de ce livre offre à cet égard un utile tableau de la façon singulière dont l'extrémisme de droite est conçu en Allemagne (désignant strictement les formations qui visent à déstabiliser les fondements de l'État), de l'évolution politique de ce courant ou encore du rapport que l'État allemand entretient avec les différentes organisations qui lui sont rattachées. La recherche que Bénédicte Laumond a accomplie présente ensuite l'intérêt de porter sur une dimension assez peu étudiée du phénomène extrême droitier. L'analyse du rapport des organisations d'extrême droite aux systèmes politiques démocratiques fait certes désormais partie des objets « classiques » de la recherche internationale. Mais jusqu'à présent, on s'est toujours davantage intéressé à « l'impact » de ces organisations sur les systèmes politiques qu'aux « réactions » des instances étatiques à leur égard. Par ailleurs, ces questionnements ont été surtout l'apanage de chercheurs étrangers – et plus particulièrement de chercheurs allemands. Le travail de Bénédicte Laumond vient donc, là encore, pallier certaines des carences de la recherche française sur l'extrémisme de droite. Mais il enrichit également le stock de connaissances dont on pouvait disposer jusqu'à présent sur les réponses apportées par l'État allemand face aux agissements des mouvements d'extrême droite. En regard des travaux existants, l'apport de la recherche de Bénédicte Laumond ne réside pas seulement dans l'adoption d'un point de vue guidé par un principe attendu mais bienvenu de neutralité axiologique (là où un certain nombre de recherches allemandes souscrivent sans réserve à une approche davantage normative) ; il tient également à l'angle qu'elle a choisi et qui a consisté à étudier les modalités de production et de mise en œuvre des mesures destinées à lutter contre les organisations extrémistes en se concentrant sur l'observation des services de sécurité de l'État. Dans cette perspective, Bénédicte Laumond prend soin à juste titre de détailler, dans le deuxième chapitre de son livre, le dispositif institutionnel allemand, en insistant notamment sur la structuration particulièrement complexe des administrations en charge de la sécurité sur le territoire : d'un côté les services de police, de l'autre les services en charge du renseignement intérieur, séparés horizontalement par un principe de compétences différenciées (la règle de la *Trennungsgebot*) et verticalement par l'organisation fédérale de l'État allemand. Bénédicte Laumond explique également très clairement comment fonctionne en théorie cette architecture institutionnelle pour le moins compliquée, laissant entrevoir le caractère tout à la fois ample, hétérogène et labyrinthique du dispositif déployé en Allemagne pour lutter contre l'extrémisme de droite. On pressent dès lors que le fonctionnement en pratique de ce dispositif ne doit pas être sans poser problème. C'est précisément ce que démontre Bénédicte Laumond dans le troisième chapitre de son livre, en mettant au jour, de manière systématique et détaillée, la façon dont l'architecture institutionnelle allemande contribue à déterminer les modalités de la lutte contre l'extrême droite : la multiplication des niveaux de pouvoir, la dualité des services, le principe de séparation des compétences, l'empreinte juridique du travail administratif, la règlementation sur les échanges des données personnelles, etc. apparaissent ainsi comme autant d'obstacles à un fonctionnement optimal du dispositif existant. Le quatrième chapitre complète habilement la démonstration puisque Bénédicte Laumond y dévoile une autre source de dysfonctionnement : en effet, si le système constitutionnel prévoit en théorie tout un ensemble de procédures de contrôle des services administratifs, il s'avère que ces procédures peuvent se montrer en pratique inefficientes, comme a pu l'illustrer de manière récente « l'affaire NSU ». On comprend dès lors que le procès de Beate Zschäpe (ancienne militante du

NSU) entamé en 2013 ait suscité en Allemagne nombre de questionnements sur l'efficacité et l'organisation du dispositif en vigueur. Mais comme le souligne Bénédicte Laumond dans son dernier chapitre, tout projet de refonte de ce dispositif semble se heurter à l'inertie structurelle de l'administration et aux luttes politiciennes, même si au niveau local, certaines initiatives arrivent à voir le jour (comme à Dortmund). Ainsi ce dernier chapitre clôt-il une démonstration particulièrement bien tenue et qui apparaît d'autant plus convaincante qu'elle repose sur l'exploitation de matériaux inédits – et notamment sur des entretiens qui ont été réalisés auprès d'une dizaine d'acteurs centraux de la lutte contre l'extrême droite (élus, collaborateurs, directeurs de département en charge de la sécurité publique, directeurs de police, etc.).

Il est donc heureux que le mémoire de Bénédicte Laumond soit publié. Il vient enrichir notre connaissance de l'extrême droite européenne et devrait s'imposer comme une référence incontournable pour celles et ceux qui souhaitent mieux comprendre ce phénomène. On attend désormais avec impatience de pouvoir prendre connaissance des premiers résultats de la recherche que Bénédicte Laumond réalise dans le cadre de son doctorat de science politique[1] et dont l'objectif est de comparer les dispositifs de lutte contre l'extrême droite en Allemagne, en France et en Angleterre. Avec le talent qu'on lui connait, on ne doute pas que ce travail soit aussi brillant que celui qu'elle a accompli pour ce livre.

Alexandre DEZE
Maître de conférences des universités en science politique
Chercheur au CEPEL (UMR 5112)
Maître de conférences à Sciences Po Paris

---

[1] Doctorat en cotutelle réalisé à l'Université de Versailles et à l'Université de la Viadrina (Francfort sur l'Oder) sous la codirection de Fabien Jobard et Michael Minkenberg.

Introduction générale

En 2011, l'Allemagne a été secouée par un véritable séisme politique. Le 4 novembre, deux hommes tentent de braquer une banque d'Eisenach en Thuringe (ex-République Démocratique Allemande - RDA) et s'enfuient en vélo pour se réfugier dans leur camping-car. Un témoin les surprend et prévient la police. Lorsque cette dernière arrive, les deux braqueurs se suicident. Il s'agissait d'Uwe Böhnhardt et Uwe Mundlos, deux activistes de la scène radicale d'extrême droite allemande, plongés dans la clandestinité depuis 1998 et recherchés par les services de police. Le même jour a lieu l'explosion d'une maison dans la commune de Zwickau en Thuringe, où les deux hommes vivaient en compagnie de Beate Zschäpe, également dans la clandestinité depuis 1998. Cette dernière est finalement arrêtée par la police le 8 novembre 2011 à Iéna. L'enquête diligentée par la police suite à ces événements mène à la découverte d'un arsenal d'armes à feu contenant les munitions ayant servi à perpétrer dix meurtres qui, depuis 2000, restaient encore non élucidés. Sont également découvertes des vidéos dans lesquelles le trio se présente sous le nom de *Nationalsozialistischer Untergrund* (NSU-groupe clandestin national-socialiste) avec la devise « Des actes plutôt que des mots[1] ». Sa mission déclarée était d'instaurer une terreur dirigée contre l'État démocratique allemand et l'opinion publique. Les victimes du groupe sont pour la grande majorité des personnes d'origine étrangère (huit Turcs, un Grec, mais aussi une policière allemande).

L'histoire de ce trio commence au cours des années 1990 en Thuringe, région de l'ex-RDA, qui vient d'être incluse au sein de la République Fédérale Allemande et vit une période de transition démocratique. Le groupe – composé de Beate Zschäpe, Uwe Böhnhardt et Uwe Mundlos – est connu depuis la réunification pour appartenir à des groupes d'extrême droite radicaux et prêts à la violence : le mouvement « *Anti-Antifa* » qui a pour principal objectif de combattre les mouvements

[1] En allemand, « *Tate statt Worte* ».

antifascistes et la « *Thüringer Heimatschutz* », qui est un regroupement de camaraderies (groupuscules informels d'extrême droite) néonazies. Plus intéressant encore, en 1996, le trio est incarcéré pour détention d'armes. Mundlos avait, de son côté, déjà été condamné pour s'être livré à des chants à connotation raciste et au port de symboles nationaux-socialistes. Enfin, en 1997, Böhnhardt est condamné à deux reprises pour incitation à la haine raciale et détention d'armes. Le 26 janvier 1998, la police trouve des explosifs dans un garage que le trio utilise. C'est à partir de cette date-là que ces derniers rentrent dans la clandestinité. Malgré les efforts policiers déployés jusqu'en 2001, ils restent introuvables. Le NSU ne commence en revanche à perpétrer ses meurtres qu'à partir de 2000, et jusqu'en 2007[1], sans que la police criminelle ne parvienne à retrouver le trio. Parallèlement, et jusqu'en 2011, le NSU commet une série de 14 braquages dans différentes banques de l'Est de l'Allemagne (Thuringe, Saxe et Mecklembourg - Poméranie Occidentale) de manière à pouvoir financer ses activités criminelles. Pour autant, le trio n'est pas appréhendé par les forces policières même si celles-ci comprennent désormais qu'il s'agit d'une série de braquages commis par le même groupe. L'enquête finira par mener à la découverte du mouvement d'extrême droite en novembre 2011, 11 ans après le premier meurtre. Beate Zschäpe est le seul membre du trio ayant survécu. Son procès, ainsi que celui du NSU, a commencé depuis le 6 mai 2013. Il se tient à Munich, la police bavaroise ayant dirigé l'enquête depuis le début de l'affaire

À la suite à ces événements qui ont profondément choqué l'opinion publique allemande[2], les pouvoirs publics, et en premier lieu les élus, ont réagi en mettant en place des commissions d'enquête parlementaires au *Bundestag* et dans plusieurs parlements régionaux[3], avec pour objectif de comprendre le rôle de la police et des services de

[1] Pour voir le récapitulatif des meurtres commis par le NSU, cf. Annexe.

[2] À partir de novembre 2011, cette affaire a commencé à faire la une de tous les grands médias, aussi bien nationaux que régionaux.

[3] Commissions d'enquête sur le NSU dans les Parlements de Saxe, de Thuringe et de Bavière.

renseignement[1] dans l'affaire NSU. Les interrogations de l'opinion publique ont été relayées par la presse, qui a rapidement pointé la responsabilité des administrations, accusées d'être « aveugles face au phénomène extrême droitier »[2], et dénoncé les dysfonctionnements dans la coopération entre les différentes institutions chargées de la sécurité intérieure, menant au développement d'une cellule terroriste.

Les événements récents ont ainsi fait naître un questionnement qui se trouve à l'origine de ce travail : comment se fait-il qu'ils aient pu se produire en Allemagne ? Il existe dans le pays une administration spécifique déclinée à l'échelon fédéral et dans chaque Land[3] : les services de protection de la Constitution ou *Verfassungsschutz*, qui sont spécialement chargés d'observer les extrémistes susceptibles de mettre en danger l'ordre constitutionnel, et donc la sécurité des personnes résidant sur le territoire allemand. Cet État *a priori* donc bien doté, en termes institutionnels, a été, entre 2001 et 2011, la cible d'un groupe terroriste d'extrême droite, qui s'est radicalisé et a commis une série de meurtres s'étalant sur une décennie, sans que les administrations en charge de la sécurité intérieure ne parviennent ni à identifier la série de meurtres comme étant de nature raciste[4] ni à appréhender les membres du NSU. Tout groupe politique peut bien sûr trouver les moyens d'échapper à la surveillance des forces de l'ordre. Il reste que les agissements du NSU apparaissent d'autant plus exceptionnels qu'ils ont eu lieu au sein de l'État allemand.

Cette situation inédite a constitué le point de départ de notre réflexion. Il a semblé pertinent de s'intéresser à la façon dont l'État allemand « répond » à l'extrême droite, pour reprendre

---

[1] Les Länder de Bavière, Thuringe et Saxe, ainsi que le *Bundestag* ont mis en place des commissions d'enquête parlementaires.

[2] Traduction libre de l'expression consacrée : « auf dem rechten Auge blind sein ».

[3] En raison de la nature fédérale de l'État allemand, les Länder ont pleine compétence dans le domaine de la sécurité et disposent ainsi de services de police et de renseignement, chargés d'assurer la sécurité sur le territoire régional. Les administrations de sécurité fédérale ne sont compétentes que lorsque l'affaire traitée comporte une dimension nationale.

[4] Cf. Annexe pour le récapitulatif des victimes.

l'expression consacrée dans littérature anglo-saxonne[1]. Le terme de « réponse » est ici entendu comme l'ensemble des choix effectués par les gouvernements (incluant l'exécutif et le législatif) mais également par les administrations afin de lutter contre l'extrémisme de droite. Ces réponses sont apportées par les textes législatifs tels que la Constitution interdisant notamment les partis politiques allant contre l'ordre démocratique ou les lois prohibant les associations dont les activités s'opposent aux valeurs prônées par la Constitution allemande. Mais les réponses à l'extrémisme de droite résident également dans les décisions et pratiques quotidiennes des administrations publiques qui mettent en œuvre ces lois. Dans le cadre de cet ouvrage, nous circonscrirons notre analyse à l'étude de la mise en œuvre des réponses étatiques à l'extrémisme de droite par les administrations de sécurité intérieure : la police et les services de renseignement.

Le cas de l'Allemagne présente enfin un intérêt majeur justifiant le choix de ce pays : son histoire. Effectivement, la reconstruction de l'État allemand et de ses institutions dans l'immédiat après-guerre a mené à une prise en compte accrue des extrémismes, qui transparait dans les principaux textes juridiques allemands, en particulier la Constitution (*Grundgesetz*), mais également dans la construction de l'architecture institutionnelle des administrations de la République fédérale ayant une mission de sécurité. Le terme « d'architecture institutionnelle » se réfère ici à l'ensemble des administrations de sécurité, fédérales et régionales, impliquées dans la lutte contre l'extrémisme de droite, que nous présenterons en détail au cours du second chapitre.

Comment cette question a-t-elle été abordée dans la littérature académique ? De nombreuses publications scientifiques sont venues étayer la recherche en science politique sur les phénomènes extrémistes en Allemagne. Les angles de recherche sont très divers comme le rappelle Uwe

---

[1] Voir Giovanni Capoccia, « Legislative Responses to Extremism. The 'Protection of Democracy' in the First Czechoslovak Republic 1920-1938 », *East European Politics and Societies*, 16, 3, 2002, p. 691-734 ; Downs, William, *Political Extremism in Democracies: Combatting Intolerance.* New York : Palgrave MacMillan, 2012, 227 p.

Backes dans son approche typologique des travaux existants[1]. On trouve tout d'abord des publications portant sur les fondements théoriques et méthodologiques du concept d'extrême droite[2]. D'autres travaux présentent ensuite un cadrage s'intéressant davantage à la phénoménologie, incluant l'étude de la nature de la doctrine extrémiste, son organisation en partis et leurs interactions au sein du système partisan comme dans les relations internationales[3]. Le troisième type d'approche se consacre à la recherche des causes, notamment sociétales, de l'extrémisme[4]. Enfin, le quatrième axe de recherche, qui est celui dans lequel mon étude s'inscrit, porte sur la recherche consistant à étudier la lutte contre les causes de l'extrémisme, par des moyens légaux ainsi que par la lutte politique[5].

La perspective juridique a initialement fondé la réflexion académique allemande sur les réponses données aux mouvements extrémistes, notamment ceux de droite. Karl Löwenstein a incarné la principale figure de ce courant dès les années 1930, ses travaux ayant largement influencé la rédaction de la Loi Fondamentale de la République fédérale allemande en 1949. Selon lui, toute démocratie libérale doit mettre en œuvre des outils juridiques permettant la défense de l'ordre démocratique contre toute tentative autoritaire désirant le renverser. Il reconnaît que cela signifie parfois limiter la liberté individuelle afin de protéger la démocratie (on peut penser à des mesures comme l'interdiction de partis). Afin de protéger la démocratie, Löwenstein propose de doter l'État d'un système constitutionnel solide, dans lequel le concept de « démocratie

---

[1] Uwe Backes, *Politischer Extremismus in demokratischen Verfassungsstaaten. Elemente einer normativen Rahmentheorie.* Westdeutscher Verlag, Opladen, 1989, 385 p.

[2] Hans-Gerd Jaschke, *Politischer Extremismus*. Bonn : Bundeszentrale für politische Bildung, n°621, 2007.

[3] Herbert Kitschelt, *The radical right in Western Europe: A comparative Analysis*, University of Michigan Press, 1995, 332 p.

[4] Voir les travaux de Wilhelm Heitmeyer : *Deutsche Zustände*. Francfort/ Main : Suhrkamp, édité tous les ans.

[5] Pour les références, voir plus loin dans l'état de la littérature.

militante se défendant »[1] permettant à l'État de se prémunir des mouvements extrémistes serait consacré. Par ailleurs, plusieurs recherches académiques allemandes ont été et sont menées sur le principe de séparation entre services de renseignement et police, sujet qui sera largement abordé dans ce travail. On peut à ce titre citer les travaux de Christoph Steiß ou Marco König[2] qui posent la question des conséquences de cette séparation sur les compétences des administrations concernées, et l'éventuelle valeur constitutionnelle de la *Trennungsgebot*. Ces travaux ont cependant une portée essentiellement juridique et s'intéressent moins à la mise en œuvre des politiques publiques par les administrations qu'aux textes régissant ces mêmes administrations. Des ouvrages universitaires ont également été publiés sur la *Verfassungsschutz* et la police, ainsi que sur leur fonctionnement[3]. Ils nous ont permis, en parallèle de notre enquête de terrain, de mieux appréhender ces institutions, leurs pratiques ainsi que leur histoire. Ce sont enfin des sources utilisées dans cette étude afin de présenter les institutions de sécurité allemandes et leur fonctionnement[4], servant de base à notre démonstration.

Concernant le champ de la science politique, car c'est celui qui nous intéresse particulièrement ici, des travaux ont analysé les outils existants pour la protection de la démocratie[5] en

---

[1] Karl Löwenstein, Legislative Control of Political Extremism in European Democracies. *Columbia Law Review*, 38 (1938), p. 591-622, p. 725-774.

[2] Christoph Streiß, *Das Trennungsgebot zwischen Polizei und Nachrichtendiensten. Im Lichte aktueller Herausforderungen des Sicherheitsrechts. Rechtspolitisches Symposium*. Francfort/ Main : Peter Lang, 1ère Édition, 2011, 260 p. Marko König, *Trennung und Zusammenarbeit von Polizei und Nachrichtendiensten. Schriften zum Recht der Inneren Sicherheit.* Tome 7, Fribourg : Boorberg, 2005, 335 p.

[3] Hermann Borgs-Maciejewski, *Was jeder vom Verfassungsschutz wissen sollte, Aufgaben, Methoden, Organisation.* Heidelberg : Decker & Müller, 1988, 156 p. ; Rafael Behr, *Polizeikultur, Routinen, Rituale, Reflexionen. Bausteine zu einer Theorie der Praxis der Polizei.* VS Verlag für Sozialwissenschaften, 2006, 209 p.

[4] Pour les références, voir notes du chapitre 2.

[5] Isabelle Canu, *Der Schutz der Demokratie in Deutschland und Frankreich- Ein Vergleich des Umgangs mit politischem Extremismus vor dem Hintergrund der europäischen Integration.* Opladen: Leske+Budrich, 1997, 358 p.

Allemagne, qu'il s'agisse d'outils législatifs restreignant les libertés, comme l'interdiction d'associations et de partis hostiles à la démocratie, ou d'institutions comme la *Verfassungsschutz*. Le travail mené par Isabelle Canu est par exemple très utile pour se familiariser avec les outils utilisés en Allemagne dans la lutte contre l'extrémisme de droite. Il consiste cependant en une liste, certes exhaustive, mais qui ne met pas assez en perspective la manière dont ces réponses sont mises en œuvre. Par ailleurs, une étude de Michael Minkenberg s'intéresse aux conséquences des réponses répressives de l'État allemand sur les mouvements violents d'extrême droite[1]. Bien qu'elle laisse de côté la mise en œuvre des politiques répressives, point qui nous intéresse précisément, ce travail permet toutefois de s'interroger sur l'impact des réponses apportées par l'État aux mouvements extrémistes. Enfin, de nombreux travaux ont été publiés sur les stratégies mises en œuvre au sein de la société civile afin de lutter contre l'extrémisme de droite. Les travaux de Britta Schellenberg[2] présentent par exemple les réponses apportées par les citoyens à l'extrémisme de droite en Allemagne. Cependant cette approche ne s'intéresse pas au rôle pourtant déterminant des agents de l'État dans la lutte contre les extrémismes politiques.

Il faut enfin évoquer parmi la littérature, les rapports des institutions administratives allemandes : la *Verfassungsschutz* fédérale et ses branches régionales publient ainsi chaque année un rapport public de leurs activités. Suite au scandale du NSU, des rapports ont été également publiés dans le domaine des réponses apportées à l'extrême droite[3]. Pour Hans-Gerd Jaschke, l'un des meilleurs spécialistes allemands de l'extrême droite, cette littérature n'offre cependant qu'un point de vue partiel sur le phénomène, dans la mesure où ces rapports portent surtout un regard juridique sur l'extrémisme : non seulement ils

---

[1] Michael Minkenberg, Repression and Reaction: Militant Democracy and the Radical Right in Germany and France. *Patterns and Prejudice*, 2006, 40 (1), p. 25-44.

[2] Schellenberg, Britta, Georgi, Viola, Hartmann, Hauke, Seberich, Michael, *Strategien gegen Rechtsextremismus, Band 2: Handlungsempfehlungen für Politik und Praxis*. Gütersloh : Éditions Bertelsmann Stiftung, 2005.

[3] Rapport Schäfer, Rapport d'experts sur la *Verfassungsschutz* de Saxe.

s'apparentent à des sortes de « *hardwares* » (logiciels de données informatiques compilant les informations factuelles) mais leur vision s'oppose aussi à celle de la recherche en sciences sociales, qui doit au contraire être porteuse d'une « remise en question constante »[1] sur la nature de l'extrémisme de droite et donc sur les solutions qui lui sont apportées. La démarche adoptée dans cet ouvrage tente précisément de porter un regard analytique et critique sur la mise en œuvre d'une politique publique qui s'est retrouvée en 2011 au centre des débats en Allemagne. Dans le contexte de la recherche allemande et par rapport à la littérature existante, l'aspect innovant de cette étude réside dans l'adoption d'un cadrage qui tend à se focaliser sur la mise en œuvre des réponses étatiques à l'extrémisme de droite. Ce travail s'inscrit dans un contexte de renouveau de la pensée scientifique allemande, lié aux agissements du groupuscule extrémiste NSU, et interrogeant le fonctionnement et la mise en œuvre de l'appareil juridique et institutionnel allemand. Dans le cadre académique français, malgré les nombreuses publications existantes sur l'extrême droite, la littérature ne s'est pas encore vraiment intéressée aux réponses spécifiques apportées au phénomène extrême droitier autrement qu'à travers le prisme des partis politiques[2]. La démarche de cet ouvrage, qui consiste à adopter une perspective étatique, est donc relativement nouvelle dans le champ académique français. Choisir l'exemple de l'Allemagne est également un choix permettant de dévoiler au public francophone le cas d'un État présentant un système extrêmement original dans les réponses formulées contre l'extrémisme politique. À ce titre, ce travail constitue l'une des premières études en français explorant les problématiques auxquelles l'Allemagne doit faire face dans la lutte qu'elle mène contre l'extrémisme de droite.

---

[1] Hans-Gerd Jaschke, *Streitbare Demokratie und innere Sicherheit*. Westdeutscher Verlag, 1991.

[2] William M Downs, *Political Extremism in Democracies : Combatting Intolerance*, Basingstoke : Palgrave Macmillan, 238p. ; Meindert Fennema et Marcel Maussen, « Dealing with Extremists in Public Discussion : Front National and 'Republican Front' in France », *Journal of Political Philosophy*, Vol. 8, n°3, 2000, p. 379-400.

Cet ouvrage s'intéresse donc aux administrations de sécurité pour comprendre la manière dont elles travaillent afin de répondre à l'extrémisme de droite. Il s'agit d'examiner – et c'est là l'intérêt central de cette recherche – la manière dont l'État allemand parvient à organiser ses services de sécurité pour gérer des groupes politiques en opposition avec les valeurs fondamentales de la République fédérale. Quels sont les principes juridiques clés structurant les réponses formulées à l'extrême droite ? Quels impacts ont-ils sur la mise en œuvre des politiques publiques par l'exécutif et les Parlements national et régionaux ? Ces premières interrogations nous ont amenée à centrer cette étude sur les services administratifs allemands en charge de la sécurité intérieure.

L'acceptation qui est généralement retenue pour les services de sécurité dans le contexte allemand est étendue : il s'agit des services de l'État, aussi bien à l'échelon fédéral que régional, qui empêchent que des infractions ne soient commises, cherchent à mettre un terme à celles qui sont en cours, et enfin sanctionnent celles qui ont été effectuées. Cette définition est cependant très large et il a été choisi de restreindre l'étude aux administrations ayant une mission de défense contre les dangers potentiels (*Gefahrenabwehr*)[1]. De ce fait, cet ouvrage se concentre avant tout sur le travail de deux institutions administratives ayant une telle mission[2]: les services de police régionaux et fédéraux ainsi que les services de renseignement intérieur chargés de la protection de la Constitution.

L'approche choisie est principalement institutionnelle. Il semblerait en effet que l'architecture institutionnelle allemande puisse *in fine* avoir un impact sur la manière dont les réponses à l'extrême droite sont apportées. L'ambition de ce travail est d'examiner la mise en œuvre des politiques publiques de lutte contre les extrémismes politiques, au prisme du critère

[1] Reprise de la définition choisie par le Prof. Dr Heinrich Amadeus Wolff dans son évaluation présentée à la deuxième commission d'enquête du Bundestag sur le NSU.

[2] Voir *Bundesverfassungsgesetz* (BverfSchG) [loi fédérale sur les services de renseignement] et *Bundespolizeigesetz* (BpolG) [loi fédérale sur les services de police], ainsi que toutes les lois régionales portant sur les services de police et de renseignement.

institutionnel. Il s'agit ainsi de se demander quelle est l'influence des institutions et de leur mode de fonctionnement sur la mise en œuvre d'une politique publique spécifique. La principale hypothèse de recherche porte sur le rôle que le système institutionnel allemand exerce sur la mise en œuvre des réponses administratives à l'extrémisme de droite. L'hypothèse ainsi émise est que l'architecture institutionnelle complexifie et fragilise la mise en place des réponses étatiques à l'extrême droite.

De cette hypothèse découlent trois grandes questions de recherche. La première porte sur l'impact de la structure fédérale de l'État allemand et de la *Trennungsgebot* (principe de séparation entre les services de police et ceux de renseignement) sur le travail des administrations chargées de mettre en œuvre les réponses à l'extrémisme de droite. On se demandera ainsi dans quelle mesure ces deux éléments structurels participent aux dysfonctionnements observés dans la coopération entre les administrations de sécurité. La deuxième interrogation porte sur les procédures de contrôle auxquelles sont soumises les administrations chargées de la sécurité intérieure. En apparence, celles-ci semblent être les garantes du bon fonctionnement de l'architecture institutionnelle en Allemagne. Mais en pratique, garantissent-elles réellement la mise en œuvre effective des réponses formulées par l'État à l'extrémisme de droite ? La troisième interrogation porte sur la capacité de l'architecture des administrations de sécurité à s'adapter à des changements organisationnels en son sein. Les acteurs de la sécurité (fonctionnaires, ministres...) ont-ils la latitude nécessaire dans leurs actions, pour influencer positivement la flexibilité de cette architecture institutionnelle ? Ce sont ces questions qui se trouvent au fondement de cet ouvrage.

En choisissant de traiter d'un tel objet d'étude, il a fallu mener un terrain de recherche conséquent, qui avait pour objectif de compléter les carences relevées dans la littérature académique, en réalisant des entretiens avec les acteurs concernés, recherchant ainsi l'accès à des sources premières et en assistant aux auditions de la commission d'enquête du *Bundestag*. Au préalable, il est important de mentionner que cette étude n'avait pas pour but principal de traiter des polémiques nées autour de l'affaire NSU. En revanche, cet élément d'actualité s'est avéré si prégnant au cours de l'enquête de terrain menée qu'il n'a pas été possible de l'occulter. La récurrence de cet exemple dans les entretiens menés nous a obligée à le prendre en compte.

Concernant l'organisation du terrain de recherche, il se base sur un séjour de recherche effectué durant les mois de février et mars 2013. Concernant le traitement de l'objet choisi, un des écueils a été de ne pas basculer dans l'appréciation normative du système institutionnel allemand. Certains chercheurs en science politique allemande prennent en effet activement part au débat mené à partir de 2012 sur l'opportunité d'une interdiction du principal parti de la droite radicale allemande, le *Nationaldemokratische Partei Deutschlands* (NPD). Un grand nombre d'entre eux s'exprime contre une interdiction du NPD, qui ne permettrait pas d'éradiquer l'extrême droite en Allemagne, mais pourrait au contraire encourager la radicalisation. Hans-Gerd Jaschke, avec qui nous avons beaucoup échangé durant notre enquête de terrain, nous a ainsi conseillé de porter sur le système allemand une vision plus normative[1] en intégrant des questions telles que : l'État allemand a-t-il mis en place une architecture administrative opportune ? Faut-il autant de régions, chacune ayant des prérogatives importantes dans le domaine de la sécurité, au risque que les petites régions ne puissent se permettre de mettre en place des administrations remplissant tous leurs objectifs en raison d'un manque de moyens ? Produisant cependant cette étude dans un contexte universitaire français, il nous a toutefois fallu effectuer un travail répondant aux canons de la neutralité axiologique.

L'une des étapes majeures de l'enquête de terrain a été d'interviewer, à l'aide d'une méthode semi-directive, les acteurs participant au processus de mise en œuvre des politiques publiques répondant à l'extrémisme de droite. Il s'agissait de

---

[1] Pour plus de précisions sur les pratiques des politistes en Allemagne, voir Fabien Jobard, « Science disciplinée : les mutations sociales et politiques de la science politique contemporaine », *Politix*, 2002, Vol. 15, n° 59, p. 89-111.

comprendre le fonctionnement des institutions chargées de la sécurité intérieure et de la lutte contre l'extrémisme de droite, les modalités de coordination du travail des acteurs et enfin la façon dont ils prennent leurs décisions. Une telle perspective aurait sans doute nécessité un travail d'ethnographie : il aurait peut-être été préférable d'observer au quotidien les pratiques des fonctionnaires des administrations allemandes chargées de répondre aux risques extrémistes. Cette expérience aurait certainement permis d'analyser plus en détail les attitudes des acteurs administratifs dans leur travail quotidien. Mais le secret défense, protégeant notamment les activités des services de renseignement, était invoqué, ce qui a rendu l'accès au terrain ethnographique presque impossible. Il a donc fallu renoncer à cette perspective. De fait, mener des entretiens s'est avéré être un compromis acceptable permettant, lors de l'analyse des données, d'enrichir l'étude d'expériences, de témoignages, de points de vue.

Afin de tenter de répondre aux questions de recherche, deux types d'acteurs ont été interviewés : les élus fédéraux et régionaux ainsi que les fonctionnaires de police et des services de renseignement. L'organisation des entretiens avec les députés a constitué la partie la plus délicate du terrain. Entre indisponibilités et manque de bonne volonté, il a parfois été difficile de rencontrer ces acteurs. Finalement, six élus et leurs collaborateurs représentant les principales factions du *Bundestag* et du Parlement régional de Saxe ont été interrogés. La diversité politique des entretiens avec les élus a permis la formation d'une opinion globale et nuancée de la situation actuelle au sein des administrations en charge des réponses données à l'extrémisme de droite. En raison du séisme politique suscité par l'affaire NSU, il nous a semblé que les échanges avec les personnes interrogées étaient assez francs ; les membres de la majorité n'hésitant pas à se montrer critiques envers le fonctionnement passé des administrations de sécurité. À l'échelle des Länder, les entretiens se sont concentrés sur un Parlement régional particulièrement confronté au phénomène extrême droitier : jusqu'en 2014, la Saxe était, avec le Mecklembourg – Poméranie Occidentale, la seule assemblée régionale allemande avec une faction du NPD[1]. Dans un contexte fédéral, où les Parlements régionaux détiennent d'importantes compétences en matière de sécurité, il semblait indispensable d'interroger certains élus pour comprendre l'organisation concrète de l'élaboration des politiques publiques répondant à l'extrémisme de droite au sein des Länder.

Enfin, il a été possible de s'entretenir avec des fonctionnaires des ministères de l'Intérieur (fédéral et régionaux), des *Verfassungsschutz* régionales (chaque Land dispose en effet de cette administration en raison des compétences des régions en matière de sécurité), ainsi que des directeurs des services de police régionaux. La priorité était de comprendre le fonctionnement institutionnel de ces services et d'obtenir des informations sur les pratiques quotidiennes des agents responsables de la mise en place des politiques publiques chargées de répondre aux extrémismes. Ce pan du terrain d'enquête était absolument nécessaire car les informations recherchées concernant les pratiques au sein des services, indispensables pour répondre aux questions de recherche, n'existent pas au sein de la littérature académique. De fait, les fonctionnaires se sont montrés très réceptifs à nos demandes. Il semblerait en effet que le terrain de recherche mené se soit inscrit dans une séquence d'ouverture des administrations de sécurité au public, et cela en raison du scandale provoqué par l'existence du NSU. Voulant faire preuve d'une transparence forte, les fonctionnaires appartenant au haut de la hiérarchie[2], nous ont accueillie assez volontiers. La problématique de la « langue de bois » aurait pu se poser. Effectivement, les fonctionnaires rencontrés occupent des postes éminemment politiques et ont souvent été nommés de manière discrétionnaire. Le risque était donc d'obtenir un discours officiel peu intéressant pour la recherche engagée. Il semble pourtant que cet écueil ait été évité en raison des croisements effectués dans le traitement des données. Nous avons en effet rencontré des responsables de différentes administrations : les

[1] Depuis les élections régionales de septembre 2014, la faction NPD du Parlement de Saxe n'existe plus.

[2] Les fonctionnaires enquêtés appartiennent tous au « *höherer Dienst* », la haute fonction publique allemande.

polices criminelles régionales, des services de renseignement, ainsi qu'un acteur-clé de l'administration centrale du Ministère de l'Intérieur. L'intérêt de ces entretiens réside avant tout en ce que nos interlocuteurs ont dû, au travers des questions posées, s'exprimer sur le fonctionnement concret de la machine institutionnelle allemande, donc sur la totalité des administrations répondant à l'extrémisme de droite. Ainsi, les agents de la police ont été très francs dans l'expression de leur opinion sur les activités des services de renseignement ou du ministère de l'Intérieur, tandis que les acteurs du ministère de l'Intérieur fédéral ont été francs sur les positions des administrations régionales... Lors du traitement des données, la tâche principale a donc été de faire ressortir une image globale et réaliste du système en recoupant les opinions des différents enquêtés.

Ces entretiens ne peuvent enfin être totalement séparés des auditions de la commission parlementaire du *Bundestag*, cette dernière étant chargée d'évaluer les défaillances de l'administration allemande au cours de l'affaire du NSU. Elles ont été très utiles à cette étude à deux égards : dans un premier temps, assister à ces séances a permis d'écouter les propos des acteurs clés de la sécurité intérieure allemande, principalement des services de renseignement, qu'il aurait été difficile de rencontrer. Par ailleurs, il a été possible d'utiliser certaines déclarations entendues, portant certes sur une affaire spécifique, pour les mettre en écho avec les informations obtenues lors des interviews menées. Les auditions ont pu être longues[1] et verbalement violentes, prenant souvent la tournure d'un interrogatoire de police[2]. Ce sont les députés qui posent les questions lors des commissions d'enquête du Parlement : ces dernières disposant de larges pouvoirs d'investigation, les questions posées aux auditionnés sont par conséquent très réfléchies, bien documentées et permettent d'obtenir une image assez précise du fonctionnement d'un service administratif. Ce matériel essentiellement sonore constitue donc le dernier volet

---

[1] Les auditions auxquelles nous avons assisté duraient en moyenne 4 heures.

[2] À ce propos, un journaliste allemand, également présent lors des auditions, a commenté l'une d'entre elles par un « J'accuse » (en français).

du terrain de recherche. La raison du bon déroulement de cette enquête de terrain pourtant sensible réside sans doute dans la séquence politique que l'Allemagne traverse depuis 2011 avec les nombreux débats autour de l'affaire NSU. Il faut donc souligner que le choix de la période pour mener ce travail a été particulièrement propice à de fructueuses recherches. Avec la publication des premiers rapports[1] d'experts et une commission d'enquête fédérale ouvrant ses auditions au public, il a été possible de profiter de la relative ouverture des administrations chargées de la sécurité, et particulièrement du renseignement intérieur, pour effectuer une recherche ambitieuse, collectant ainsi les informations nécessaires pour cette étude.

Le premier chapitre aura pour but de situer l'extrémisme de droite dans le contexte allemand. Pour ce faire, nous verrons la façon dont l'État allemand conçoit l'extrémisme de droite avant de présenter par la suite les différentes facettes de l'extrême droite, qui ne se limitent pas au phénomène partisan, mais englobent de nombreux groupes non-affiliés aux partis politiques. Nous veillerons lors de ce développement à souligner les spécificités de l'extrémisme de droite en Allemagne puis à présenter les moyens dont l'État dispose afin d'y répondre. Une fois les contours de ce contexte rappelés, le second chapitre s'intéressera aux rouages de l'architecture institutionnelle allemande répondant à l'extrémisme de droite. Il s'agira de rappeler que cette organisation découle d'un contexte historique et juridique spécifique à l'Allemagne. Nous montrerons notamment que les règles organisationnelles héritées ont un fort impact sur le travail des administrations de sécurité mettant en œuvre les réponses à l'extrémisme de droite. Le troisième chapitre sera l'occasion de mettre au jour l'influence de l'architecture institutionnelle sur le travail des administrations de sécurité répondant à l'extrémisme de droite. Nous verrons que des éléments structurels comme la nature fédérale de l'État allemand ou la séparation entre police et services de renseignement imposent une coopération accentuée entre les services de sécurité, qui reste en pratique encore

[1] Par exemple rapport du juge Schäfer en Thuringe, ou rapport de la commission d'experts de Saxe.

problématique. Le quatrième chapitre démontrera que les procédures de contrôle auxquelles sont soumises les administrations chargées de la sécurité intérieure sont ancrées dans le système législatif allemand mais ne jouent pas – en pratique – leur rôle de garant du fonctionnement de l'architecture institutionnelle. En raison du contexte actuel, marqué par le travail des commissions d'enquête parlementaires pour comprendre le rôle des administrations dans l'affaire NSU, nous nous intéresserons également aux possibles voies de réforme du fonctionnement des administrations de sécurité luttant contre l'extrémisme de droite. Enfin, le dernier chapitre visera à démontrer que l'adaptabilité des administrations de sécurité s'occupant de formuler des réponses à l'extrémisme de droite face au changement est fortement impactée par les pratiques administratives et les décisions de quelques-uns de ses acteurs. Nous tracerons ainsi des pistes de réflexion sur le rôle des acteurs administratifs sur l'évolution de leurs structures à travers des exemples concrets.

CHAPITRE 1

L'EXTREME DROITE ALLEMANDE, UN PHENOMENE EN OPPOSITION AVEC LES VALEURS DE LA CONSTITUTION

Toute perspective de recherche scientifique implique de commencer par définir les choses que l'on étudie[1]. Il semble tout d'abord déterminant de revenir sur ce que l'on doit entendre par extrémisme de droite et sur ses manifestations en Allemagne aujourd'hui. À bien des égards, l'extrême droite outre-Rhin présente des particularités qu'il faut mettre en lumière, de manière à comprendre les réponses formulées par l'État face à ce phénomène. Dans un premier temps, nous présenterons l'extrême droite allemande contemporaine, telle qu'elle est considérée par les institutions administratives et les spécialistes de science politique, puis nous nous intéresserons aux actions principales menées par l'État en termes de sécurité face au phénomène extrême droitier.

1. L'extrême droite en Allemagne, « l'ennemi » de l'ordre constitutionnel établi

En raison du passé allemand, les extrémismes politiques occupent une place particulière au sein de la société allemande mais aussi dans la manière dont les institutions politiques et administratives les considèrent. La dictature nazie, ayant développé un État totalitaire après qu'Adolf Hitler a été démocratiquement élu, a généré un traumatisme après guerre. Le national-socialisme a été disqualifié, ce qui a alors nécessité la construction de nouvelles institutions démocratiques. Cette refondation s'est fondée sur un rejet du national-socialisme et de toute autre forme d'extrémisme. À cet égard, l'élaboration de

[1] Émile Durkheim, *Les règles de la méthode sociologique*. Paris : Presses Universitaires de France, 2007,13e Édition, 149 p.

la Loi fondamentale[1] en 1949 a été déterminante, afin d'acter l'attachement de la jeune République fédérale aux valeurs démocratiques, s'opposant au concept d'extrémisme.

Une division primaire s'effectue entre l'acceptation faite du phénomène extrémiste par l'administration allemande, et celle développée par les universitaires en science politique, qui s'est, comme nous le verrons, plus largement adaptée aux évolutions sociétales de la société allemande. De fait, la définition de ce terme est à l'origine issue de la pratique constitutionnelle. Depuis 1975, le terme d'extrémisme est utilisé par la Cour constitutionnelle de Karlsruhe, qui parlait auparavant de radicalisme, pour définir les tentatives de déstabilisation de l'ordre constitutionnel. Il est donc imprégné des fondements du droit public allemand et de la pratique de la Cour constitutionnelle, qui dispose du pouvoir d'interdire les partis politiques qui seraient jugés extrémistes. La Cour a d'ailleurs, dans son histoire, prononcé l'interdiction du parti *Sozialistische Reichspartei* (parti néonazi) comme celle du parti communiste ouest-allemand, respectivement en 1952 et 1956. Dans ce contexte, l'acceptation du terme d'extrémisme politique est déterminante pour savoir si un parti, ou un groupe, peut encourir une interdiction. La définition de l'extrémisme ne peut se comprendre qu'à partir du concept de la « démocratie combative et militante »[2], développé par la Cour constitutionnelle de justice allemande en 1952 lors de l'interdiction du *Sozialistische Reichspartei.* La démocratie militante allemande se fixe pour objectif d'être capable de protéger l'ordre libéral et démocratique établi[3] (*Freiheitliche Demokratische Grundordnung*, FDGO) incarné par la Constitution, contre toute attaque[4] par un groupe ou un parti politique qui irait contre son esprit. Autrement dit, le concept d'extrémisme, plus vaste que celui d'extrême droite, se comprend par la négation d'un autre concept, celui de l'ordre constitutionnel en place. Il s'agit là de toute la spécificité du

---

[1] Il s'agit du terme consacré pour désigner la Constitution.
[2] En allemand, « *Streitbare, wehrhafte Demokratie* ».
[3] Développement détaillé sur ce concept au chapitre 2.
[4] « Bestrebung gegen die freiheitliche demokratische Ordnung ».

terme d'extrémisme en Allemagne[1]. L'extrémisme politique se divise par la suite en deux sous branches, l'extrémisme de gauche et l'extrémisme de droite. C'est ce dernier qui nous intéressera ici. Le principal élément les différenciant l'un de l'autre est le rapport qu'entretient chacun d'eux avec le concept d'égalité. L'extrémisme de droite rejette en effet l'égalité entre les hommes, tandis que l'extrémisme de gauche en fait au contraire une valeur fondamentale[2]. Cependant, lorsque l'on s'intéresse à la vision que porte l'État allemand sur l'extrémisme, il est important de comprendre que celui-ci ne fait aucune différence entre les extrémismes : en d'autres termes, les institutions administratives considèrent les extrémismes de droite et de gauche comme deux phénomènes comparables. Cette théorie est vivement critiquée par de nombreux universitaires allemands[3] qui estiment qu'une distinction doit être faite, et que la vision institutionnelle des extrémismes est donc largement biaisée.

Opposition à la Constitution et critiques faites à la conception étatique de l'extrémisme

D'une part, la Constitution allemande énonce des valeurs démocratiques et libérales qui définissent la démocratie. Huit principes déterminants ont été soulignés par la Cour constitutionnelle de Karlsruhe : « les droits de l'homme, la souveraineté du peuple, la séparation des pouvoirs, la responsabilité du gouvernement, le principe de légalité de l'administration, l'indépendance de la justice, le multipartisme et l'égalité des chances des partis, incluant la liberté de l'opposition »[4]. D'autre part, l'extrémisme de droite s'oppose aux valeurs consacrées par la Constitution allemande, et notamment à l'article 3 qui dispose que « tous les êtres humains

---

[1] Armin Pfahl-Traughber, *Rechtsextremismus in der Bundesrepublik.* Munich : C.H. Beck'sche Verlagsbuchhandlung, 1999, 123 p.

[2] Uwe Backes, *Politischer Extremismus in demokratischen Verfassungsstaaten. Elemente einer normativen Rahmentheorie.* Opladen: Westdeutscher Verlag, 1989, 385 p.

[3] Voir page suivante.

[4] Décision de la Cour Constitutionnelle Allemande, *SRP-Verbot*, 1952.

sont égaux devant la loi » puisque « nul ne doit être ni discriminé, ni privilégié en raison de son sexe, de son ascendance, de sa race, de sa langue, de sa patrie et de son origine, de sa croyance, de ses opinions religieuses ou politiques. Nul ne doit être discriminé en raison de son handicap »[1]. De ce fait, les institutions administratives allemandes considèrent le phénomène extrême droitier comme dangereux pour la démocratie puisqu'il s'attaque aux fondements de la Constitution. Le schéma ci-dessous récapitule la conception que les institutions administratives allemandes ont de l'extrémisme. La démocratie est située au centre du continuum tandis que les extrémismes de droite et de gauche se situent aux deux extrémités du spectre politique. Ils sont ainsi exclus du spectre constitutionnel allemand puisque refusant l'ordre démocratique et ses règles. Entre les deux se situe une zone grise, celle correspondant aux radicalismes qui sont encore inclus au sein du spectre constitutionnel puisqu'ils acceptent les règles de la démocratie, bien qu'étant critiques vis-à-vis de l'ordre constitutionnel. On trouve enfin au centre ce qui est communément appelé le milieu démocratique dans lequel évoluent les principaux partis de gouvernement tels que la CDU/CSU, le SPD ou encore les Verts.

Tableau 1 : L'acceptation de l'extrémisme selon l'État allemand

Source : Richard Stöss, *Rechtsextremismus im Wandel*, p. 14.

---

[1] Richard Stöss, *Rechtsextremismus im Wandel*, Forum Berlin: Friedrich Ebert Stiftung, 2010, 239 p.

Selon le politologue allemand Richard Stöss, les critiques qui peuvent être apportées à cette conception sont les suivantes :

1. Les institutions allemandes n'effectuent aucune différence entre extrémisme de gauche (refusant le capitalisme et faisant de l'égalité une valeur absolue) et extrémisme de droite (refusant la démocratie et ses valeurs, parmi lesquelles "l'égalité des droits" qu'il rejette).

2. Selon la définition acceptée par les institutions, l'extrémisme politique serait un phénomène limité aux marges de la société, alors même que des études académiques[1] montrent en Allemagne qu'une partie des citoyens ayant des attitudes relevant de l'extrémisme de droite, votent pourtant pour des partis appartenant à la zone du milieu selon le schéma précédent (à des partis démocratiques comme le SPD ou la CDU/CSU).

3. Ce concept se réfère directement à un terme de droit public, employé par les administrations et tribunaux pour définir des comportements rejetant les principes énoncés par la constitution allemande. Or la science politique, dans l'analyse qu'elle fait de l'extrême droite, ne peut se limiter à l'utilisation restrictive que l'État en fait. Son intérêt s'étend notamment à d'autres problématiques comme les racines historiques de l'extrémisme de droite, ainsi que ses causes et conséquences dans la société contemporaine[2].

4. L'État allemand effectue enfin une différence entre les attitudes et les comportements extrêmes droitiers. Le terme « d'extrême droite » tel que l'entend l'administration allemande se réfère aux « tentatives » (*Bestrebungen*) d'actes dirigés contre l'ordre constitutionnel établi. Or, des universitaires comme Richard Stöss, mais aussi Hans-Gerd Jaschke[3],

---

[1] Oliver Decker, Johannes Kiess et Elmar Brähler, *Die Mitte im Umbruch, Rechtsextreme Einstellungen in Deutschland 2012*. Forum Berlin : Friedrich Ebert Stiftung, Verlag Dietz, 2012, 142 p.

[2] Uwe Backes, *Politischer Extremismus in demokratischen Verfassungsstaaten. Elemente einer normativen Rahmentheorie*. Opladen : Westdeutscher Verlag, 1989, 385 p.

[3] Hans-Gerd Jaschke, *Rechtsextremismus und Fremdenfeindlichkeit- Begriffe, Positionen, Praxisfelder.* Wiesbaden : Westdeutscher Verlag, 2001, 194 p. : sous le terme 'extrême droite', est « comprise la totalité des attitudes, des comportements et des actions, organisés ou non, en faveur d'une inégalité sociale entre les êtres humains, basée sur l'appartenance raciale ou ethnique,

critiquent cette conception jugée restrictive de l'extrémisme de droite qui ne prend en compte que les comportements actifs et non les attitudes relevant de l'idéologie d'extrême droite.

La définition de l'extrémisme de droite génère donc des divergences entre les sphères académique et administrative. Dans le cadre de cette étude, nous choisirons, étant donné notre angle d'attaque largement orienté sur l'action de l'État, de nous référer au terme « d'extrémisme de droite » au sens où l'État et les institutions allemandes l'entendent, c'est-à-dire, comme une opposition aux valeurs consacrées par la constitution allemande et donc comme allant contre l'ordre constitutionnel libéral et démocratique et ses huit principes (cf. *supra*).

2. L'extrême droite allemande, une sphère d'influence disparate

Quelle forme l'extrême droite prend-elle outre-Rhin ? Se limite-t-elle à un phénomène politique et partisan ou est-elle multipolaire avec différents centres de gravité en son sein ?
Le travail du politologue Michael Minkenberg montre que l'extrême droite est à considérer comme un « acteur collectif »[1], et non seulement comme une famille politique. À côté des partis politiques, très étudiés[2], se développent en effet des mouvements plus ou moins autonomes qui, bien qu'appartenant à l'extrême droite, ne font pas partie de la sphère politique.

---

réclamant une homogénéité ethnique des peuples, refusant l'exigence d'égalité devant la Déclaration des droits de l'homme, soulignant la primauté de la communauté devant l'individu, subordonnant le citoyen à la raison d'État, refusant les valeurs de pluralisme qui caractérisent une démocratie libérale, et voulant enfin revenir sur les acquis de la démocratisation ».

[1] Michael Minkenberg, « The West European Radical Right as a Collective Actor: Modelling the Impact of Cultural and Structural Variables on Party Formation and Movement Mobilization ». *Comparative European Politics*, 2003, 1, p. 149-170.

[2] Heinz Lynen von Berg et Hans-Jochen Tschiche, *NPD – eine Herausforderung für die Demokratie.* Berlin : Metropol, 2002, 151 p. ; Robert Ackermann, *Warum die NPD keinen Erfolg haben kann: Organisation, Programm und Kommunikation einer rechtsextremen Partei.* Opladen: Budrich UniPress, 2012, 385 p. ; Christoph Ruf et Olaf Sundermeyer, *In der NPD: Reisen in die National Befreite Zone.* Munich : Beck, 2009, 228 p.

Tableau 2 : Les principaux acteurs de la droite radicale en Allemagne depuis les années 1980

	Sphère partisane	**Mouvements sociaux**	**Milieu socioculturel**
Extrême droite (droite fasciste autocratique)	NDP DVU	ANS/FAP NPD	Néonazis, Camaraderies
Droite ethnocentriste	Die Republikaner	NPD/ DVU (Allemagne de l'Est)	Skinheads
Droite populiste	-----	-----	-----
Abréviations : NPD : Nationaldemokratische Partei Deutschlands DVU : Deutsche Volksunion [n'existe plus depuis 2011] ANS : Aktionsfront Nationale Sozialisten FAP : Freiheitliche Deutsche Arbeiterpartei			

Source : Michael Minkenberg, *The Radical Right in Europe: An Overview*, p. 17. [Adaptation du tableau répertoriant les acteurs majeurs de la droite radicale en Allemagne et en Pologne].

Le schéma ci-dessus, développé par Michael Minkenberg[1], montre que la droite radicale s'est développée selon une matrice 3x4 : la partie de cette classification qui nous intéresse correspond aux colonnes incluant les différents types organisationnels de la droite radicale en Allemagne aujourd'hui. Elle est composée, d'une part des organisations politiques, mais aussi des mouvements sociaux[2] et enfin, du milieu socioculturel. Cette typologie a pour principal intérêt de différencier clairement les objectifs des différentes organisations allemandes appartenant à la sphère de la droite radicale. Les partis politiques présentent la spécificité de participer à des élections avec comme principal objectif d'obtenir des élus. *A contrario*, les organisations appartenant aux mouvements sociaux de droite radicale ont pour but de rallier un public à leurs idées, sans pour autant poursuivre un

[1] Michael Minkenberg, *The Radical Right in Europe : An Overview*. Gütersloh : Verlag Bertelsmann Stiftung, 2008, 118 p.

[2] Voir les travaux de Ruud Koopmans et Dieter Rucht, Radikalismus als soziale Bewegung? *Politische Jahresschrift*, Opladen: Westdeutscher Verlag, 1996, p. 265-287. Renate Bitzan, *Braune Schwestern ? Feministische Analysen zu Frauen in der extremen Rechten.* Unrast, avril 2005, 142 p.

objectif électoral. Enfin, le milieu socioculturel de la droite radicale se différencie des mouvements sociaux par sa plus forte indépendance vis-à-vis des partis politiques, ainsi que par un fort sentiment d'appartenance au sein des groupes qui les constituent. Par ailleurs, un degré de radicalisation plus important et un faible degré de structuration sont à observer au sein du milieu socioculturel. Enfin, les groupes de cette dernière catégorie tendent à tisser des liens entre eux, créant ainsi des réseaux denses de groupuscules[1]. Cette structuration nous semble pertinente dans la mesure où elle permet d'effectuer une distinction entre différentes sphères de la droite radicale, qui n'entretiennent pas nécessairement des liens étroits entre elles comme nous le verrons ultérieurement, mais qui représentent toutefois sous différents aspects une même idéologie. Plus largement, cette subdivision est déterminante dans notre étude puisque les réponses formulées par l'État allemand ciblent ces trois sphères.

Évolution de la sphère partisane et de ses rapports avec la scène militante et le milieu socioculturel

L'un des piliers de l'administration allemande participant aux réponses formulées par l'État à l'extrémisme de droite est constitué par les services de renseignement, la *Verfassungsschutz*[2]. Ces derniers sont chargés de surveiller les personnes et groupes extrémistes, susceptibles de mettre en danger l'ordre libéral et démocratique institué (FDGO). À ce titre, ils sont dans l'obligation de remettre chaque année un rapport public faisant état des activités extrémistes sur le territoire allemand[3]. L'étude de ces rapports publics permet de se faire une représentation assez fine de la vision que porte l'État allemand sur l'extrémisme de droite au sein de son territoire. Différents axes ont été mis en lumière dans les rapports de la *Verfassungsschutz* depuis une dizaine d'années. Il

[1] Michael Minkenberg, *Die Neue Radikale Rechte im Vergleich: USA, Frankreich, Deutschland.* Opladen: Westdeutscher Verlag, 1998, 416 p.

[2] La traduction littérale serait « service chargé de la protection de la constitution ». Pour plus de détails, cf. 1.2 du second chapitre.

[3] Pour plus de détails sur ces services, voir chapitre 2.

est donc intéressant de les rappeler afin de mieux appréhender la vision que l'État allemand porte sur le développement de l'extrême droite depuis le début des années 2000.

Les partis politiques d'extrême droite en Allemagne présentent la particularité de ne pas avoir le poids électoral qu'ont le Front national, le *Vlaams Belang* ou le *Freiheitliche Partei Österreichs*, respectivement en France, en Belgique flamande et en Autriche. Effectivement, les partis répertoriés par la *Verfassungsschutz* comme étant d'extrême droite ne sont présents que dans un parlement régional : dans le Mecklembourg - Poméranie Occidentale, avec cinq élus au total[1]. Dans cette région seulement, le *Nationaldemokratische Partei Deutschlands* (NPD) est parvenu à dépasser la barre des 5 % des votes exprimés, condition nécessaire en Allemagne pour qu'un parti siège dans un parlement. Au Parlement fédéral allemand, le NPD, qui est désormais le dernier parti politique de la droite radicale existant dans chaque Land allemand[2], n'a aucun élu. À noter que nous n'évoquerons pas le cas des *Republikaner* ici. Ce parti appartenant davantage à la catégorie des partis populistes de droite (à l'image du FN en France[3]) n'est désormais représenté dans aucun Land, mais seulement dans quelques conseils municipaux du sud de l'Allemagne comme la Bavière, le Bade-Wurtemberg ou encore la Hesse. Par ailleurs, depuis 2007, il n'est plus surveillé par la *Verfassungsschutz* et ne rentre par conséquent pas dans notre champ d'études. Les effectifs du NPD sont à la baisse au niveau fédéral, comme le montre le rapport de 2013 de la *Verfassungsschutz*, passant ainsi de 6 600 personnes en 2010 à 5 500 en 2013. Si l'on considère l'évolution depuis le début des années 2000, nous n'observons pas de fluctuation nette au sein des effectifs du NPD. Cependant, une tendance claire est celle de l'effondrement du nombre d'adhérents des partis politiques

[1] Selon les chiffres de la *Verfassungsschutz* en 2011, ce sont au total 330 élu(e)s du NPD qui siègent dans les conseils municipaux.

[2] La *Deutsche Volksunion* (DVU) a en effet disparu le 1er janvier 2011 pour être dissoute au sein du NPD. Le Parti *Die Rechte* n'est quant à lui présent que dans 8 régions.

[3] Voir Pierre-André Taguieff, *Le nouveau national-populisme.* Paris : CNRS Editions, 2012, 120 p.

d'extrême droite en Allemagne, puisqu'en 2002, la *Verfassungsschutz* estimait le nombre d'adhérents à des partis politiques de la droite radicale à 28 100 (incluant le NPD, la DVU et les *Republikaner*). En 2011, avant la dissolution définitive de la DVU, la même administration n'en dénombrait plus que 7 300. Pour remédier à ses échecs électoraux, le NPD, et à travers lui, Holger Apfel, président du parti de 2011 à 2013, a choisi de délaisser les combats du passé fortement liés au passé national-socialiste de l'Allemagne[1] pour se tourner vers les thématiques défendues par la droite radicale représentée dans d'autres pays européens, comme l'amplification du sentiment anti-européen, la lutte contre la spéculation et la mondialisation aussi bien que le retour à la monnaie nationale[2]. Cependant, le NPD mobilise encore fortement sur des événements liés au souvenir de la Seconde Guerre mondiale à l'image des manifestations annuelles à Dresde[3] ou de celles commémorant la personne de Rudolf Heß[4].

D'un point de vue idéologique, le NPD prône un changement de système, en cachant partiellement son hostilité envers la Constitution et les principes démocratiques, en revendiquant une destruction du système libéral et capitalistique. Le parti soutient par ailleurs une vision raciste et xénophobe de la société avec la défense du concept de la communauté du peuple empreinte d'un nationalisme biologique. Régulièrement, le NPD démontre une attitude complaisante envers le régime national-socialiste, notamment à travers la forte identification à la personnalité de Rudolf Heß se traduisant par des manifestations en son souvenir[5]. Enfin, le NPD développe une stratégie dite des quatre piliers : lutte pour la rue, lutte pour les têtes, lutte

---

[1] Rapport de la *Verfassungsschutz* 2011, p. 89

[2] Programme du NPD, 2013.

[3] Chaque année, le 13 février, une manifestation est organisée pour commémorer les victimes allemandes des bombardements alliés de février 1945 sur la ville de Dresde.

[4] Rudolf Heß, représentant officiel du NSDAP, s'est pendu en prison après 46 ans de détention, le 16 juillet 1987. Régulièrement, des groupes néonazis lui rendent hommage.

[5] À titre d'exemple, la tombe de Rudolf Heß à Wunsiedel a dû être supprimée en 2011 afin de stopper les pèlerinages annuels de groupes néonazis.

pour les Parlements, lutte pour la volonté organisée[1]. Ainsi le NPD souhaite augmenter sa visibilité dans l'espace public avec de nombreuses manifestations, intensifier sa présence parlementaire et l'utiliser comme un instrument d'agitation permettant de donner aux idées du NPD une résonance au sein de la population, tout en obtenant des financements de l'État et en combattant le système depuis l'intérieur. Différentes tendances au sein du NPD existent néanmoins et se divisent comme suit :
- les traditionalistes, à l'image de l'ex-leader du parti Udo Voigt, gardent un lien ténu avec l'idéologie national-socialiste mais souhaitent désormais s'ouvrir à un électorat plus large ;
- les opportunistes, comme l'actuel dirigeant du NPD, Holger Apfel : chez eux, le lien avec l'idéologie nazie est toujours présent, mais ces militants souhaitent s'orienter vers une idéologie centrée sur l'anti-islamisme pour des raisons tactiques;
- les modernisateurs : cette aile minoritaire, plus représentée dans l'ouest de l'Allemagne, souhaite rompre le lien avec l'idéologie national-socialiste et prendre une orientation semblable à celle des partis de la droite populiste européenne (FPÖ, FN ou *Vlaams Belang*).

Les partis politiques d'extrême droite allemands ne semblent plus réellement constituer, eu égard aux derniers rapports de la *Verfassungsschutz*, le centre des observations de l'État allemand. Suite aux révélations concernant l'affaire NSU, l'attention semble au contraire s'être portée sur les groupuscules de la droite radicale. À ce titre, il est intéressant de s'interroger quelques instants sur les liens entre les partis d'extrême droite et ces groupes, qui, selon la théorie[2], seraient peu liés. Depuis qu'Udo Voigt a pris ses fonctions de représentant du NPD, un mouvement d'intégration des jeunes issus du milieu socioculturel de la droite radicale au sein du

---

[1] « Kampf um die Straße, Kampf um die Köpfe, Kampf um die Parlamente, Kampf um den organisierten Willen ».

[2] Michael Minkenberg, « From Party to Movement? The German Radical Right in Transition » dans Xavier Casals, *Political Survival on the Extreme Right, European Movements Between the Inherited Past and the Need to Adapt to the Future*. Barcelone : Institut de Ciencies Politiques i Socials, 2005, 168 p.

parti a commencé lors du lancement de la « *Straßenpolitik* » (politique de la rue). Cette dernière vise à multiplier la visibilité du mouvement à travers l'organisation de manifestations. Ce phénomène est surtout présent dans l'ouest du pays[1]. L'ambivalence des relations entre le NPD et les groupes issus du milieu socioculturel peut être illustrée par un exemple concret : selon des données provenant de la *Verfassungsschutz* et de la police criminelle de la région de Saxe, les rapports entre NPD et scène socioculturelle sont, dans ce Land, marqués par une distanciation du NPD vis-à-vis du milieu socioculturel violent. Les deux institutions notent toutefois que le NPD se sert de cette scène pour recruter de nouveaux adhérents. Finalement s'installe une sorte de jeu qui consiste pour le NPD à se rapprocher puis à s'écarter de ces groupes violents[2]. Cependant, les institutions observant les mouvements d'extrême droite ne remarquent ni une augmentation ni une diminution de ces rapports d'interdépendance.

Les mouvements sociaux d'extrême droite

Selon la classification proposée par Michael Minkenberg et évoquée précédemment, un second type organisationnel de la droite radicale allemande est constitué par les associations portant les idéaux d'extrême droite, souvent proche des partis politiques, mais ne cherchant néanmoins pas à obtenir des postes électoraux. À ce titre, il est intéressant de noter, depuis une dizaine d'années, le rôle croissant des femmes dans cette sphère d'influence de l'extrême droite allemande, où une association telle que le *Ring Nationaler Frauen*[3] (RNF), créée en 2006, aborde des thématiques nouvelles et permet de s'adresser à de nouveaux segments de la population – ici les femmes – qui sont historiquement minoritaires au sein des

---

[1] Uwe Backes, Matthias Mletzko et Jan Stoye, *NPD-Wahlmobilisierung und politisch motivierte Gewalt.* Cologne : Éditions Luchterhand, Bundeskriminalamt, 2010, p. 53-70.

[2] *Ibid.*

[3] Traduction littérale : le cercle des femmes nationalistes.

mouvements de la droite radicale allemande[1]. Au même titre, les *Junge Nationaldemokraten* (JN) constituent l'organisation de jeunesse politique du NPD. Eux aussi considèrent leur rôle comme un espace en amont de la politique (*vorpolitisch*). Ils organisent cependant des campagnes thématiques véhiculant l'idéologie de la droite radicale partisane, à l'image de celle lancée en 2011 sur la mort du peuple allemand (*Volkstod*) : les jeunes nationaux-démocrates ont utilisé la courbe démographique allemande descendante pour asseoir leur théorie selon laquelle est menée par l'État une politique hostile au peuple (*volksfeindlich*) qui conduit à « un holocauste du peuple allemand ». Ces organisations dans l'orbite du NPD – le RNF comme les JN – sont subordonnées à ce dernier et ont une visée d'ouverture de la droite radicale allemande à un public plus large au sein de la société. Si le nombre de leurs militants reste limité[2], il n'est pas inintéressant de noter que ces groupements sont utilisés pour étendre la sphère d'influence de l'extrême droite à de nouveaux segments de la population comme les femmes, jusqu'à présent moins engagées dans les mouvements de la droite radicale. Cette analyse montre enfin qu'il serait biaisé, dans le cadre d'une démarche académique, de postuler que l'influence de la droite radicale allemande ne se limite qu'au champ des partis politiques.

Influence du milieu socioculturel sur l'extrême droite allemande

Notre étude s'intéresse principalement aux réponses apportées par l'État allemand à l'extrémisme de droite en matière de sécurité. De fait, la violence générée par l'extrémisme de droite en Allemagne constitue la perspective principale de notre analyse, puisque c'est ce phénomène que les

---

[1] Les femmes représentent de 7 à 20 % des élus du NPD, 33 % des électeurs de la droite radicale. « Rechtsextremistische Gewalt: Mädchen und junge Frauen als Täterinnen? Wissenschaftliche Erkenntnisse und Offene Fragen », dans Ursula Birsl, Rechtsextremismus und Gender. Opladen : Éditions Barbara Budrich, 2011, p. 241-264.

[2] 100 pour le RNF et 350 pour les JN en 2011 selon le rapport de la *Verfassungsschutz* fédérale.

services de sécurité essaient d'empêcher. Or, la *Verfassungsschutz* et l'affaire NSU montrent que les attaques faites à l'État de droit proviennent avant tout du milieu socioculturel. On pense en particulier aux groupes skinheads et néonazis qui s'organisent souvent en camaraderies libres[1]. L'intérêt de cette forme organisationnelle est qu'elle n'oblige pas ses membres à opter pour le statut d'association. Or la politique répressive menée durant les années 1990 contre l'extrémisme de droite a été axée sur l'interdiction des associations d'extrême droite[2] ennemies de la Constitution[3]. Les camaraderies libres sont apparues au cours des années 1990 dans le milieu socioculturel de l'extrême droite allemande. Il s'agit en réalité d'organisations informelles, sous forme de bandes, typiquement composées d'hommes (d'où le terme de « camaraderie ») qui présentent une idéologie claire rassemblant tous les membres. Ces groupes mènent généralement des actions locales et ont un chef qui les guide (*Führungsperson*)[4]. À noter enfin que le terme même de camaraderie est très connoté dans la langue allemande, en ce qu'il rappelle les groupements d'étudiants au sein de l'association d'étudiants allemands nationaux-socialistes[5] durant la dictature hitlérienne.

Une spécificité de la scène extrême droitière en Allemagne est donc l'importance de ce milieu socioculturel, fortement implanté dans la sphère de la droite radicale mais qui est pourtant historiquement resté à l'écart de la sphère partisane, contrairement au cas de la France par exemple, où le Front national a lui-même cherché à développer ses propres groupes culturels, en constituant une sorte de « sous-société »[6]. Les services du ministère de l'Intérieur estiment le nombre de membres de la scène socioculturelle à 13 200 membres en

---

1 En allemand, *Freie Kameradschaften.*

2 Rapport de la *Verfassungsschutz* de Rhénanie-du-Nord-Westphalie, 2011, p. 76.

3 Traduction libre du concept de *verfassungsfeindlich.*

4 Rapport de la *Verfassungsschutz* du Land Brandebourg, 2011, p. 10.

5 En allemand, *Nationalsozialistischer Deutscher Studentenbund.*

6 Selon l'expression de Guy Birenbaum, *Le Front national en politique.* Paris : Éditions Balland, Collection « Fondements », 1992, 358 p.

2013[1]. La structure du phénomène extrême droitier allemand est intéressante pour notre étude : la scène socioculturelle est prééminente et reconnue par les institutions administratives allemandes et par les politologues pour sa propension à la violence[2]. Le gros des membres prêts à la violence se retrouve principalement chez les skinheads et les néonazis, environ 9 600[3] personnes sont évaluées comme étant potentiellement violentes.

La scène skinhead, contrairement aux néonazis, présente la particularité de ne pas avoir une idéologie politique élaborée, ni de programme, mais plutôt des tendances reliées à des valeurs traditionnelles de l'extrême droite, comme le culte de la masculinité, la loi du plus fort ou le rejet de l'altérité. La scène qui est assujettie à de fortes fluctuations numériques[4] est composée de peu de groupes stables et organisés. Leur observation ainsi que leur suivi sont donc plus complexes pour les institutions administratives. En outre, les autorités éprouvent les plus grandes difficultés à différencier les personnes appartenant à la scène de la droite radicale militant au sein du NPD et celles prêtes à la violence engagées dans des groupuscules skinhead, ce qui est perceptible dans les enquêtes de la police allemande et de la justice[5]. Les connexions entre ces deux sphères existent donc et la scène skinhead constitue un réservoir de militants pour les partis politiques d'extrême droite[6], aussi bien que pour les mouvements sociaux de la droite droite radicale. À cet égard, les JN de Saxe se sont efforcées de

---

[1] Source du Ministère fédéral de l'Intérieur, 2013.

[2] Michael Minkenberg, *The Radical-Right in Europe: An Overview.* Gütersloh: Verlag Bertelsmann Stiftung, 2008, 118p. Heitmeyer, Wilhelm, Sitzer, Peter, Rechtsextremistische Gewalt von Jugendlichen, *Aus Politik und Zeitgeschichte*, n°37, Août 2007, p. 3-10.

[3] Source du ministère fédéral de l'Intérieur, 2013.

[4] Kurt Möller et Nils Schuhmacher, *Rechte Glatzen, Rechtsextreme Orientierungs- und Szenezusammenhänge Einstiegs, Verbleibs- und Ausstiegsprozesse von Skinheads.* Wiesbaden : VS Verlag für Sozialwissenschaften, 1ère Edition, 2007, 568 p.

[5] Uwe Backes, Matthias Mletzko et Jan Stoye, *NPD-Wahlmobilisierung und politisch motivierte Gewalt.* Cologne : Éditions Luchterhand, Bundeskriminalamt, 2010, p. 53-70.

[6] *Ibid.*

récupérer des membres des camaraderies libres interdites[1] à la fin des années 1990. Le réservoir de recrutement existe aussi bien chez les skinheads qu'au sein des autres groupuscules de la scène militante d'extrême droite, rechignant traditionnellement à entrer dans un parti, phénomène récurrent, notamment à l'approche des élections régionales[2].

Concernant la différentiation théorique faite entre les groupes néonazis (le nombre de néonazis en 2013 est évalué à 5 800 membres) et les skinheads, la frontière a tendance à s'estomper. Il est possible de commencer à parler de scène brouillée, ce qui est symptomatique de l'évolution que connait la droite radicale allemande depuis une dizaine d'années. Les skinheads sont en effet de plus en plus liés aux groupes néonazis, mais ne poursuivent toujours pas d'objectifs politiques comme les néonazis, et restent enfin assez méfiants vis-à-vis des partis bien qu'ils prennent part à leurs manifestations. Le NPD a cependant gagné en acceptation au sein de la scène skinhead allemande grâce à son concept de lutte dans la rue (*Kampf um die Straße*). Les actions menées par la scène sous-culturelle sont en effet souvent orientées vers la rue, à l'image du développement du mouvement des immortels (*Unsterblichen*) : il s'agit de manifestations illégales ayant lieu dans les rues durant la nuit au cours desquelles tous les participants portent un masque et un flambeau. Apparu en 2011, ce phénomène se propage désormais dans toute l'Allemagne. Il s'agit principalement d'une manifestation de pouvoir, faisant directement référence aux manifestations des *Sturmabteilung* (S.A.) au début des années 1930. Au-delà de l'effet extérieur de ces manifestations, ce type d'action a également pour but de séduire en interne grâce à son côté conspirateur, qui permet aux participants « de s'amuser », et donc d'attirer de nouveaux membres. Bien qu'illégales en raison de l'interdiction de masquer son visage lors des rassemblements, ces manifestations, très brèves, ne peuvent être stoppées par la police qui arrive souvent trop tard[3].

---

[1] On peut à ce titre penser à Sturm 34, Skinheads Sächsische Schweiz.
[2] *Ibid.*
[3] Pour plus de détails, voir le reportage effectué par Spiegel TV : http://www.spiegel.tv/#/filme/magazin-dieunsterblichen/, 2012.

Tendances Est- Ouest

Une tendance importante à prendre en compte dans le contexte allemand est le hiatus qui existe entre l'influence de la droite radicale dans les régions de l'Ouest (ex-République Fédérale Allemande) et dans celles de l'Est (ex-République Démocratique Allemande). À ce titre, les rapports des *Verfassungsschutz* soulignent que la proportion d'actes criminels imputables à la droite radicale est largement supérieure dans les Länder de l'Est à la moyenne nationale, à l'image de la Saxe-Anhalt (2.70 actes / 100 000 habitants) au contraire de la Hesse (0.20 acte / 100 000 habitants)[1]. La science politique confirme cette tendance forte[2] en estimant que 40 à 50 % des néonazis se situent dans les régions de l'ex-Allemagne de l'Est[3]. Cet état de fait nous a donc encouragée à rencontrer des responsables politiques et administratifs de ces régions, afin de comprendre l'action menée par les services de sécurité intérieure sur des territoires où l'extrémisme de droite est plus fortement implanté. Afin d'illustrer notre propos, sur les 13 200 personnes militantes de la scène sous-culturelle d'extrême droite (incluant skinheads et groupes politiques ayant des affinités nationales-socialistes), on trouve le plus grand nombre de militants dans le Mecklembourg – Poméranie occidentale, avec 50 activistes pour 100 000 habitants. Suivent la Saxe avec 48 activistes pour 100 000 habitants puis la Saxe-Anhalt avec 43 militants pour 100 000 habitants, Berlin avec 37 activistes pour 100 000 habitants, le Brandebourg avec un ratio de 32/100 000 et la Thuringe avec un ratio de 31/100 000. La proportion maximale atteinte en Allemagne de l'Ouest se situe dans la région du Schleswig-Holstein avec seulement

---

[1] Rapport de la *Verfassungsschutz* fédérale, 2011.

[2] Richard Stöss, *Rechtsextremismus im vereinten Deutschland.* Bonn : Friedrich Ebert Stiftung, 3ème Edition, 2000, 188 p.

[3] Michael Minkenberg, « The West European Radical Right as a Collective Actor : Modelling the Impact of Cultural and Structural Variables on Party Formation and Movement Mobilisation », *Comparative European Politics.* 2003, vol. 1, n° 1, p. 149-170.

26 militants de la scène sous-culturelle pour 100 000 habitants[1]. Le rapport fédéral de la *Verfassungsschutz* en 2011 rappelle par ailleurs que les idées xénophobes ont tendance à baisser à l'Ouest, tandis que l'on observe une augmentation à l'Est. En outre, la variable « âge » révèle que ce sont davantage les personnes âgées à l'Ouest qui soutiennent des idées xénophobes, notamment les personnes nées avant 1930, tandis que ce sont les jeunes des nouvelles régions (un sur trois né après 1981) qui soutiennent des idées xénophobes à l'Est.

Cependant, en se plaçant dans la perspective qui est celle de l'État allemand souhaitant apporter des réponses uniformes à l'extrémisme de droite sur la totalité de son territoire, il est déterminant de ne pas sous-estimer le phénomène extrémiste dans les régions occidentales. De nouveaux centres concentrant des mouvements d'extrême droite se créent en effet dans des villes de l'Ouest à l'image de Dortmund où les Nationalistes Autonomes prennent de l'ampleur, comme le confirme un rapport de la fondation Amadeu Antonio[2], en charge de la promotion de la culture démocratique.

Potentiel terroriste des groupements d'extrême droite en Allemagne

En 2002, alors que le NSU commençait à commettre ses meurtres, la *Verfassungsschutz* fédérale constatait que le potentiel extrémiste des personnes appartenant aux groupes d'extrême droite tendait à décroitre. La *Verfassungsschutz* s'exprimait ainsi sur l'existence d'éventuelles structures terroristes d'extrême droite : « Il n'y a pas de groupements terroristes de droite et pas de tentatives de développer une lutte armée. Les militants d'extrême droite refusent le terrorisme, parce que celui-ci ne fait que renforcer le système établi et rencontre l'incompréhension auprès de la population. Par

---

[1] Uwe Backes, Matthias Mletzko et Jan Stoye, *NPD-Wahlmobilisierung und politisch motivierte Gewalt.* Cologne : Éditions Luchterhand, Bundeskriminalamt, 2010, p. 53-70.

[2] Amadeu Antonio Stiftung, *Das Kartell der Verharmloser - Wie Deutsche Behörden systematisch rechtsextremen Alltagterror bagatellisieren.* Berlin : bild1druck, 2012, 30 p.

ailleurs, le risque élevé qu'une telle entreprise soit découverte leur est connu. Pour autant, le danger que des personnes individuelles ou des groupes plus restreints commettent également des attaques dans le but de lancer un signal existe[1]». Malgré cette dernière phrase, la *Verfassungsschutz* et la police allemande n'indiquent pas avoir connaissance de personnes ou groupes possédant des armes ou explosifs en 2002. De même, l'existence d'éventuelles structures terroristes d'extrême droite n'est pas connue à ce moment-là. Il s'agit donc d'un exemple montrant les difficultés pour les services de sécurité de trouver les extrémistes de droite agissant souvent dans des structures particulièrement informelles. Enfin, cet extrait suggère la distance critique qu'il est nécessaire de prendre, dans notre démarche de recherche, vis-à-vis de la littérature administrative portant sur la droite radicale produite par la *Verfassungsschutz*[2].

3. Réponses de l'État allemand à l'extrémisme de droite

Après avoir dressé un état des lieux des formes que prend l'extrême droite allemande, et de sa perception par l'administration, intéressons-nous aux actions que mène l'État pour répondre à celle-ci. L'orientation donnée à cette étude se porte volontairement sur les réponses apportées par les institutions administratives chargées de la sécurité sur le territoire allemand. Il est donc déterminant de présenter les principales mesures élaborées pour répondre au phénomène extrême droitier. Quatre actions principales semblent se détacher. Il s'agit dans un premier temps de l'observation, puis de l'interdiction et des poursuites judiciaires ainsi que la prévention.

---

[1] Rapport de la *Verfassungsschutz* fédérale, 2002.

[2] Le travail de cette administration est par ailleurs vivement attaqué par le milieu académique et par des chercheurs spécialisés sur les questions de la droite radicale. Voir la page de Hajo Funke : www.hajofunke.wordpress.com/rechtsextremismus.

Observation

Les institutions administratives chargées du renseignement en Allemagne observent les mouvements d'extrême droite dans tout le pays, de manière à pouvoir anticiper toute velléité violente et/ou anticonstitutionnelle au sein de ces mouvements. À travers différents rapports, destinés aussi bien au Parlement, au Ministère de l'Intérieur qu'à la population allemande avec le rapport public annuel, la *Verfassungsschutz* évalue les risques que présentent les groupes de la droite radicale allemande. Cette observation s'effectue sur la base fondamentale selon laquelle les groupes présentent un danger pour l'ordre constitutionnel en place. Une autre action relevant de l'observation des mouvements de l'extrême droite a été mise en place en 2001 : il s'agit de statistiques spécifiques se concentrant sur les actes criminels politiquement motivés. Pour y être intégré, l'acte doit donc avoir été commis contre la victime en raison de son appartenance religieuse, sexuelle, politique, sa nationalité, son origine ethnique, un éventuel handicap, sa couleur de peau, sa conception du monde, son apparence ou son statut social. Pour définir si l'acte est politiquement motivé, il faut interroger la qualité du délit, la toile de fond du délit commis et enfin classer l'acte dans l'une des catégories indiquées (extrémisme de droite, de gauche, religieux...). C'est la Direction fédérale de la police judiciaire qui s'occupe de produire ces données chiffrées tous les ans. Ceux-ci permettent aux différentes *Verfassungsschutz* régionales d'orienter, tous les ans, leur stratégie. À titre d'exemple, la région Brandebourg est le Land allemand où le plus grand nombre d'actes politiquement motivés de droite ont été commis selon ces statistiques. C'est la raison pour laquelle cette région a été incluse dans notre étude. Ces statistiques correspondent également aux propos de la directrice de la *Verfassungsschutz* du Brandebourg[1], qui a organisé ses services selon l'intensité des risques extrémistes auxquels le Land est exposé. Les violences d'extrême droite étant particulièrement marquées (contrairement à l'extrémisme

[1] Entretien le 20 février 2013, ministère de l'Intérieur du Brandebourg, Potsdam.

islamiste par exemple) dans le Brandebourg, les observations de la *Verfassungsschutz* sont principalement orientées vers les groupes d'extrême droite. Cependant, ces statistiques sont à manipuler avec précaution : leur fiabilité est en effet régulièrement critiquée et elles font régulièrement au Bundestag l'objet d'interrogations qui émanent principalement des fractions du parti vert et de la gauche radicale. Leur valeur scientifique est d'autant plus relative que des enquêtes menées par des journalistes[1] et la société civile[2] indiquent que certaines agressions (parfois mortelles), émanant de la droite radicale, n'ont pas été intégrées au décompte des actes politiquement motivés.

Interdiction

La politique d'interdiction de l'État allemand est historiquement forte, s'inscrivant dans une stratégie d'exclusion des acteurs politiques considérés comme extrémistes[3]. L'interdiction d'un parti politique ne peut être prononcée que par la Cour constitutionnelle de Karlsruhe en application de l'article 21§2 de la Loi Fondamentale. À ce titre, nous pouvons rappeler l'interdiction du *Sozialistische Reichspartei* en RFA en 1952. La procédure d'interdiction s'est retrouvée au centre des discussions politiques au début des années 2000 avec l'échec de l'interdiction du NPD en 2003. Désormais, suite à l'affaire NSU, le *Bundesrat*, chambre représentant les Länder, a déposé une demande d'interdiction du NPD, en raison des possibles liens entre la cellule terroriste et le parti d'extrême droite[4]. Le débat prend désormais place au sein du gouvernement et du

---

[1] Les journaux « Der Tagesspiegel », « Frankfurter Rundschau » et « Die Zeit » ont ainsi mené différentes enquêtes sur les victimes de la violence extrême droitière et ont souligné les failles du décompte des statistiques produites par l'État allemand.

[2] L'Antonio Amadeu Stiftung s'est ainsi constituée en porte-voix de la société civile sur cette thématique.

[3] Hans-Peter Kriesi, Ruud Koopmans, Jan Willem Duyvendak et Marco G. Giugni, *New Social Movements in Western Europe: A Comparative Analysis.* Minneapolis : University of Minnesota Press, 1995, 321 p.

[4] Andrea Röpke, Im Untergrund aber nicht allein, *Aus Politik und Zeitgeschichte*. N° 18-19, 2012.

Bundestag, pour savoir si une demande d'interdiction doit être effectuée. Le cas échéant, la Cour constitutionnelle devrait se prononcer sur la possibilité d'interdire le parti d'extrême droite. Il est également possible d'interdire une association qui s'opposerait aux fondements de la Constitution[1]. L'interdiction éventuelle est prononcée par le ministre de l'Intérieur du Land concerné (ou le ministre fédéral si l'association est nationale). À titre d'exemple, les années 1990 ont vu nombre d'associations d'extrême droite interdites. Le ministre de l'Intérieur saxon a ainsi interdit l'association « Skinheads de la Suisse Saxonne[2] » en 2001, menant par ailleurs à la poursuite judiciaire de six de ses membres. De la même façon, le directeur de la police criminelle de Brandebourg[3] souligne qu'un des axes du gouvernement régional avait été d'interdire les associations extrémistes et particulièrement les concerts qu'elles organisaient de façon récurrente, de sorte à assécher le potentiel extrémiste.

Enfin, l'interdiction de publications et manifestations émanant de structures extrémistes (donc allant contre l'ordre constitutionnel) peut être prononcée par un juge. Le droit d'expression, et par là même le droit de rassemblement (*Versammlungsrecht*), sont néanmoins des droits fédéraux érigés en valeurs fondamentales en Allemagne. La pratique montre ainsi que très peu de manifestations sont interdites. Ce fait est confirmé par le directeur de la police de Brandebourg, qui souligne que seules les manifestations pour lesquelles le délai de 48 heures d'enregistrement du rassemblement n'a pas été respecté sont interdites.

Poursuite

Les poursuites judiciaires, dont certains membres de groupes extrémistes peuvent faire l'objet, émanent de la justice, en coordination avec la police et/ou les services de renseignement.

---

[1] À noter que contrairement à la France, les partis jouissent en Allemagne d'un statut particulier, ce qui les distingue de fait des associations.

[2] En allemand, Skinheads Sächsische Schweiz.

[3] Entretien le 7 mars 2013, siège de la police du Brandebourg, Potsdam.

La directrice de la *Verfassungsschutz* du Brandebourg[1] a ainsi donné l'exemple d'un restaurant qui accueillerait dans ses locaux des rassemblements néonazis. Ces faits sont contraires au droit de la restauration, qui existe dans la majorité des Länder allemands, et qui interdit ce type d'activité, sous peine, le cas échéant, d'une fermeture de l'établissement.

Par ailleurs, des initiatives de la police peuvent avoir lieu dans certaines zones, en fonction du contexte local. À ce titre, la police de la ville de Dortmund, en Rhénanie-du-Nord-Westphalie, est devenue très active. Il s'agit en effet de l'un des points brûlants dans l'Ouest de l'Allemagne, où les groupes néonazis, en particulier les Nationalistes Autonomes (*Autonomen Nationalisten*) sont devenus un mouvement très présent. La ville a par exemple mis en place une équipe chargée de surveiller les personnes de sensibilité d'extrême droite apposant des autocollants destinés à véhiculer leur idéologie dans l'espace public. Lorsqu'une telle infraction à l'ordre public est commise, les services anthropométriques sont appelés pour effectuer des prélèvements d'ADN ou d'empreintes qui seront par la suite enregistrés dans les systèmes informatiques de la police afin d'interpeller plus rapidement les auteurs de ces délits. C'est par la suite la justice qui prend le relais des services de sécurité afin de juger de l'illégalité des actes commis. Il s'agit donc là du dernier maillon de la chaine judiciaire qui permet la répression de l'extrémisme de droite.

Prévention

L'État allemand ne se contente pas d'agir sur une ligne répressive. Les services de police allemands, chargés d'assurer la sécurité intérieure, ont également une mission de prévention du danger (*Gefahrenabwehr*)[2]. Dans le domaine qui nous intéresse, cela se traduit par exemple par une étroite coopération entre la police de Dortmund et les dirigeants de l'équipe de football Borussia Dortmund sur le thème de l'extrême droite. Le

---

[1] Entretien le 20 février 2013, ministère de l'Intérieur du Brandebourg, Potsdam.

[2] Voir par exemple la loi sur la police du Land de Rhénanie-du-Nord-Westphalie.

directeur de la police criminelle de Dortmund nous a ainsi expliqué[1] que des extrémistes de droite suivent régulièrement la seconde équipe du Borussia lors de ses déplacements, particulièrement lors des rencontres ayant lieu dans des régions de l'Est de l'Allemagne. La police, dans le cadre de sa mission de prévention (donc avant que les délits ne soient commis), a donc engagé des partenariats avec d'autres institutions, afin d'endiguer le phénomène extrémiste. Pour le lecteur français, il est plus frappant encore de constater que le travail pédagogique mené par la police de Dortmund – en coordination avec la société civile, afin de prévenir le développement de l'extrémisme de droite – s'effectue également dans les écoles des zones particulièrement touchées.

Nous avons esquissé un panorama des différentes formes que prend l'extrême droite en Allemagne, soulignant la diversité de ce phénomène se définissant par son éloignement des valeurs et fondements consacrés par la Constitution. Il était important de donner un aperçu de la droite radicale en Allemagne et de ses spécificités au lecteur francophone, en exposant notamment sa composante violente, afin de pouvoir par la suite appréhender la manière dont l'État, à travers les administrations de sécurité, répond à ce phénomène. Les principales réponses apportées à l'extrémisme de droite en termes de sécurité ont par ailleurs été brièvement rappelées. Il est donc désormais temps de s'intéresser plus précisément à la manière dont les institutions de l'État sont organisées afin de mettre en place ces réponses visant à lutter contre l'extrémisme de droite.

[1] Questionnaire écrit, mars 2013.

CHAPITRE 2

LE CONCEPT DE DEMOCRATIE MILITANTE : AU FONDEMENT DE L'ARCHITECTURE INSTITUTIONNELLE ALLEMANDE LUTTANT CONTRE L'EXTREMISME DE DROITE

En s'intéressant à l'architecture institutionnelle des autorités luttant contre l'extrémisme de droite, il s'agit avant tout de comprendre la logique sous-jacente à la manière dont l'État allemand se prémunit des actes extrémistes. En raison de son originalité, cette architecture institutionnelle mérite que l'on examine sa construction. Il s'agit par ailleurs d'un élément indispensable afin de répondre à notre hypothèse de recherche qui consiste à s'interroger sur l'impact de l'organisation des institutions de sécurité sur les mesures contre l'extrémisme de droite. Nous nous intéresserons donc dans un premier temps aux fondements juridiques et historiques de la République Allemande afin de comprendre leurs spécificités et la manière dont ils ont façonné l'organisation des institutions répondant à l'extrémisme de droite. Dans un second temps, nous nous intéresserons à concept central régissant l'activité des administrations de sécurité allemandes : la séparation entre les services de renseignement et ceux de police. Enfin, nous présenterons les outils élaborés afin de permettre à l'architecture institutionnelle de fonctionner. Ce développement nous permettra de procéder, dans les trois derniers chapitres, à l'étude approfondie des conséquences de l'organisation des institutions sur la mise en œuvre des politiques publiques répondant à l'extrémisme de droite.

1. L'influence de la Constitution sur l'architecture des institutions répondant à l'extrémisme politique

Le concept de démocratie militante, développé par le théoricien constitutionnel Karl Löwenstein en 1937[1], a été repris par les rédacteurs de la Constitution allemande en 1949. La démocratie militante est donc un concept trouvant sa source dans les articles de la Loi Fondamentale, cette dernière définissant la nature de la démocratie allemande tout en constituant le fondement des institutions de l'État allemand. Selon Löwenstein, la démocratie militante est la capacité d'un État à mettre en œuvre des mécanismes d'autodéfense constitutionnels[2] au risque de limiter les libertés individuelles, et notamment la liberté d'expression. La consécration constitutionnelle de ce principe invite l'État et ses administrations à développer différents outils juridiques afin de protéger la démocratie libérale allemande. À ce titre, différents mécanismes constitutionnels assurent la pérennité de la Loi Fondamentale : la *Ewigkeitsklausel* ou clause perpétuelle (Art. 79§3) dispose du caractère immuable des fondements constitutifs de la République Fédérale Allemande : le fédéralisme et la participation des Länder au processus législatif, la valeur de la dignité humaine comme droit fondamental (Art. 1) ainsi que celle de l'État de droit sanctifié par l'article 20 de la Constitution.

Par ailleurs, l'article 79§2 rend plus complexe une éventuelle modification de la Loi Fondamentale. Effectivement, il exige d'obtenir une majorité de 2/3 du *Bundestag* et de 2/3 du *Bundesrat* afin que la révision constitutionnelle soit effective[3]. Cependant, l'originalité de cette disposition est à relativiser puisqu'il existe en France un processus similaire, découlant de l'article 89 de la Constitution, et requérant les voix de 3/5 du Parlement réuni en Congrès pour effectuer une modification de la Loi Fondamentale. Par ailleurs, ce même article dispose que

---

[1] Karl Löwenstein, « Militant Democracy and Fundamental Rights », *The American Political Science Review*, n° 31, 1937, p. 417-432, 638-658.

[2] Augustin Simard, L'Échec de la Constitution de Weimar et les Origines de la « Démocratie militante en RFA », *Jus Politicum*, décembre 2008, n° 1.

[3] Loi fondamentale pour la République fédérale d'Allemagne, juin 2010.

« la forme républicaine du gouvernement ne peut faire l'objet d'une révision[1] » : il est en cela comparable à la clause perpétuelle allemande, bien que moins précis et moins contraignant.

En outre, l'article 9§2 de la Loi Fondamentale dispose que « les associations dont les buts ou l'activité sont contraires aux lois pénales, ou qui sont dirigés contre l'ordre constitutionnel ou l'idée d'entente entre les peuples, sont prohibées ». Il en est de même pour les partis politiques qui, en vertu de l'article 21§2 de la Loi Fondamentale, « sont inconstitutionnels » dès lors qu'ils « tendent à porter atteinte à l'ordre constitutionnel libéral et démocratique, ou à le renverser, ou à mettre en péril l'existence de la République fédérale d'Allemagne ». On voit ici que la Loi Fondamentale utilise un autre concept, déterminant pour la bonne compréhension des réponses de l'État allemand à l'extrémisme de droite : l'ordre constitutionnel libéral et démocratique (FDGO). Celui-ci est à relier à la démocratie militante. Il constitue en effet, d'un point de vue juridique, le fondement de l'État de droit allemand, tel qu'il a été déterminé, par « la volonté de la majorité du peuple, en dehors de toute violence et despotisme[2] ». La démocratie militante est chargée de protéger cet ordre, concept dégagé par la Cour Constitutionnelle en 1952. Elle a, dans sa décision, énuméré les huit piliers de l'ordre constitutionnel libéral et démocratique[3], qui ont pour objectif de circonscrire un concept assez flou tout en lui donnant valeur de norme. Quiconque s'oppose donc à ces principes, sera jugé comme étant extrémiste, et s'expose à des sanctions par l'État[4].

Pour intercepter les potentiels extrémistes opérant contre l'ordre constitutionnel sur le territoire allemand, l'État a mis en place un système institutionnel chargé de l'observation et de l'éventuelle poursuite de ces individus. L'Allemagne étant un

---

[1] Constitution française de la Vème République, février 2013.

[2] Décision de la Cour Constitutionnelle, interdiction du *Sozialistische Reichspartei*
(SRP), 23 octobre 1952.

[3] Cf. paragraphe 1.2 du premier chapitre pour la liste exhaustive.

[4] Hans-Gerd Jaschke, *Streitbare Demokratie und Innere Sicherheit-Grundlagen, Praxis und Kritik.* Opladen: Westdeutscher Verlag, 1991, 333 p.

pays fédéral, chaque administration fédérale possède son corollaire régional, ce qui mène à l'élaboration d'une architecture des autorités chargées de la lutte contre les extrémismes assez complexe. En pratique, l'ordre constitutionnel libéral et démocratique est protégé par deux principales administrations en charge de la sécurité du territoire allemand : il s'agit d'une part des services de police, et d'autre part de la *Verfassungsschutz*, qui sont les services de renseignement intérieurs chargés de protéger la Constitution. La *Verfassungsschutz* est donc une administration appartenant aux services de renseignement allemands. Elle est toutefois distincte des autres services de renseignement, aussi bien intérieurs qu'extérieurs, en ce qu'elle se concentre uniquement sur sa mission de protection de la Constitution. Plus concrètement, cette administration s'intéresse exclusivement à la surveillance de personnes et groupes suspectés d'entretenir des activités jugées comme étant extrémistes.

Il est toutefois important de noter que la justice (le parquet), et à travers elle le droit pénal, a une place déterminante dans la protection de l'ordre constitutionnel libéral et démocratique. Quelques règles peuvent être citées : les interdictions d'associations de même que l'interdiction d'employer dans une administration publique toute personne s'opposant à la Constitution. L'interdiction de toute propagande nationale-socialiste ainsi que l'interdiction de pénétrer sur le territoire allemand pour toute personne en opposition avec l'ordre constitutionnel libéral et démocratique sont également des mesures prescrites par le droit pénal, que font appliquer les tribunaux allemands afin de protéger la Constitution. Nous laisserons volontairement de côté l'action de la justice qui intervient en aval du travail de la police et des services de renseignement, afin de nous intéresser plus particulièrement aux administrations directement en contact avec l'extrémisme de droite.

Il est dès lors intéressant de se pencher sur les lois qui ont institué les deux administrations chargées de la lutte contre les extrémismes de droite, et donc défini leurs missions. La *Verfassungsschutz* est nommée à deux reprises dans la Loi Fondamentale (Art. 73 et Art. 87), soulignant ainsi son appartenance au bloc constitutionnel et faisant de cette administration un des fers de lance de la lutte contre les extrémismes, ancrée dans le système institutionnel allemand[1]. En termes institutionnels, l'Allemagne s'est donc dotée d'une administration spécifique, découlant de la Loi Fondamentale. La *Verfassungsschutz* est l'une des composantes des services de renseignement, aux côtés du renseignement extérieur allemand (*Bundesnachrichtendienst*) et du renseignement militaire (*Militärischer Abschirmdienst*).

Chaque Land dispose de sa propre loi instituant une *Verfassungsschutz*, pouvant donc légèrement varier d'une région à l'autre. L'Allemagne possède par conséquent 17 *Verfassungsschutz* (16 régionales et une fédérale). Concernant leurs missions, elles ne sont habilitées par la loi qu'à « rassembler et exploiter des informations, particulièrement les renseignements, messages et documents liés à des personnes ou choses (associations, partis...) tentant de s'opposer à l'ordre institutionnel libéral et démocratique, l'existence ou la sécurité de l'État fédéral ou régional ainsi que ses habitants[2]». Elles n'ont donc pas pour vocation de poursuivre les éventuels délits commis par les personnes qu'elles surveillent. À noter également que le terme « tentant » (*Bestrebung* en allemand) n'inclut pas la simple expression orale d'une opinion politique, droit élémentaire protégé par la même Constitution. La tentative doit consister en une action concrète menée contre l'un des huit principes constitutionnels énoncés par la Cour Constitutionnelle (cf. chapitre précédent).

Par ailleurs, en application de la conception de l'extrémisme par l'État allemand, exposée dans le premier chapitre, l'observation est indifférenciée entre extrémistes de droite et de gauche. Pour permettre cette surveillance, l'administration de la *Verfassungsschutz* dispose de larges moyens, édictés par la loi, mais néanmoins encadrés. Effectivement, cette administration peut disposer, travailler et utiliser des renseignements privés sur des personnes sans requérir l'autorisation du juge. L'utilisation

---

[1] Hermann Borgs-Maciejewski, *Was jeder vom Verfassungsschutz wissen sollte: Aufgaben- Methoden Organisation.* Heidelberg : Decker & Müller, 1988, 156 p.

[2] Loi fédérale de la Verfassungsschutz, article 3.

de moyens de surveillance (mise sur écoute, suivi du courrier) a toutefois des limites encadrées par la loi G-10, dont la bonne application par les services de renseignement est contrôlée par les commissions G-10, au *Bundestag* ainsi que dans les parlements régionaux (cf. chapitre 4). Concrètement, la *Verfassungsschutz* peut, pour obtenir des informations d'ordre personnel, avoir recours à des « méthodes, objets et instruments secrets, comme l'emploi de personnes de confiance et de garantie[1], l'observation, les enregistrements audio et vidéo, moyens de camouflage[2]». Cependant, selon la directrice de la *Verfassungsschutz* du Land Brandebourg[3], seuls 20 % des informations traitées par l'administration proviennent de ces moyens secrets. La majorité du travail effectué résulte de l'analyse d'informations dites publiques, comme les journaux, l'internet ou encore les manifestations.

La seconde institution prenant le relais de la *Verfassungsschutz*, lorsque celle-ci a établi l'existence de tentatives de s'opposer à l'ordre constitutionnel libéral et démocratique, est la police. Elle seule dispose de pouvoirs de police, qui lui permettent d'effectuer une enquête sur d'éventuels extrémistes politiques, de les poursuivre, et le cas échéant de les appréhender avant de les remettre à la justice. Cependant, la police peut également mener ses propres enquêtes lorsqu'elle suspecte des individus de tenter de déstabiliser l'ordre constitutionnel libéral et démocratique. En revanche, et à la différence des services de renseignement, elle est obligée d'obtenir l'autorisation d'un juge pour mettre en place des moyens de surveillance techniques (écoutes téléphoniques...) pour une durée supérieure à un mois. La police étant également organisée de manière fédérale en Allemagne, le pays est composé de 16 polices régionales ainsi que de la police fédérale.

Il est toutefois nécessaire de s'arrêter un instant sur le partage des compétences entre les services de renseignement et

---

[1] Il s'agit des *Vertrauensleute* qui sont généralement des membres gravitant autour de l'organisation observée par les services de la Verfassungsschutz.

[2] Article 8 de la loi fédérale sur la *Verfassungsschutz*.

[3] Entretien le 20 février 2013, ministère de l'Intérieur du Brandebourg, Potsdam.

la police pour comprendre le fonctionnement de ces administrations. Là où les services de renseignement français cumulent des fonctions de renseignement et de police, comme c'est le cas à la Direction générale de la Sécurité intérieure, l'Allemagne s'est dotée de deux administrations distinctes. Il est dès lors légitime de s'interroger sur cette séparation institutionnelle, qui n'a, aux yeux d'un francophone, rien d'évident.

2. La « Trennungsgebot », un concept fondamental pour comprendre l'architecture institutionnelle des administrations de sécurité

Dans le contexte institutionnel des administrations en charge de la sécurité en Allemagne, les termes de séparation et de coopération sont déterminants. Effectivement, depuis la reconstruction de l'architecture administrative allemande, au sortir de la Seconde Guerre mondiale, le principe de séparation des services de renseignement et de la police a été placé au cœur de l'organisation des services chargés de la sécurité. Dans une lettre rédigée par les forces alliées le 14 avril 1949, la *Polizeibrief*, ces derniers ont souligné l'obligation pour les services de renseignement de ne disposer d'aucun pouvoir de police : « Le gouvernement fédéral pourra également autoriser la constitution d'une agence chargée de collecter et de diffuser l'information concernant les activités subversives dirigées contre l'État fédéral. Cette agence ne devra pas avoir de pouvoirs de police[1] ». Ce commandement (*Gebot*) des alliés s'explique par des raisons historiques découlant du régime nazi dont le service de sécurité, la Gestapo (*Geheime Staatspolizei*), cumulait des missions de police ainsi que des tâches de surveillance. Cette concentration des pouvoirs au sein d'une seule administration s'est révélée être un outil majeur du régime national-socialiste, l'aidant à instaurer un régime totalitaire. Pour permettre le fonctionnement démocratique des institutions,

---

[1] Frank Peter Schafranek, *Die Kompetenzverteilung zwischen Polizei- und Verfassungsschutzbehörden in der Bundesrepublik Deutschland.* Aix-la-Chapelle : Éditions Shaker, 2000, 246 p.

une séparation entre l'administration observant les extrémistes potentiels et celle disposant de pouvoirs de police pour les appréhender a été imposée. Il s'agit de la règle de la *Trennungsgebot*, qui impose en pratique une séparation entre les services de renseignement et ceux de police. La conception des alliés sur la séparation entre les services de renseignement et la police a eu des conséquences organisationnelles fortes. Le commandement a ordonné aux autorités allemandes de créer des administrations distinctes, en prévoyant une possibilité de coopération dans la lutte contre les extrémismes politiques. La différence des compétences entre les deux administrations se construit sur l'opposition de deux principes : la *Verfassungsschutz* agit selon le principe d'opportunité (*Opportunitätsprinzip*), tandis que la police agit, elle, selon le principe de légalité (*Legalitätsprinzip*)[1]. Cela signifie que cette dernière n'ouvre une enquête que lorsque le soupçon est avéré. Au contraire, la *Verfassungsschutz* peut agir en amont, lorsque les preuves détenues par les administrations de sécurité sont insuffisantes pour ouvrir une enquête. Concrètement, la directrice des services de renseignement du Brandebourg[2] apporte l'explication suivante pour illustrer le travail séparé des deux institutions dans leurs champs de compétences respectifs :

> « Toutes nos informations ne vont pas à la police. Cette règle a une importance forte. Nous pouvons enregistrer des informations privées concernant les citoyens, nous le faisons, et nous regardons ce qui se passe. Par exemple, un citoyen va à un concert d'extrême droite, nous l'enregistrons. S'il se rend par la suite sur un stand du NPD, nous l'enregistrons également. Ce sont des choses que nous ne transmettons pas à la police. Ce sont seulement des informations que nous conservons. (…) Se pose une question pour nous si cet individu, après s'être rendu au concert d'extrême droite, n'a plus aucune activité extrémiste. À ce moment-là, nous devons, dans un délai de deux années, effacer les informations enregistrées. Les services de renseignement peuvent amasser des informations sans que

---

[1] Hermann Borgs-Maciejewski, *Was jeder vom Verfassungsschutz wissen sollte, Aufgaben, Methoden, Organisation.* Heidelberg : Decker & Müller, 1988, 156 p.

[2] Entretien le 20 février 2013, ministère de l'Intérieur du Brandebourg, Potsdam.

personne d'autre le sache. Ni même la police. Sinon, les libertés fondamentales des citoyens seraient mises en danger [par l'État]. »

Au contraire, si ce même individu venait à commettre un délit sous le regard de la *Verfassungsschutz*, cette dernière ne pourrait l'appréhender, puisqu'elle ne dispose pas de pouvoirs de police. Elle aurait en revanche l'obligation de transférer le dossier aux services de police.

La lettre des alliés, contenant la règle de séparation entre police et services de renseignement, ne concernait en revanche que l'administration fédérale et nullement celle des régions. Cependant, dans la pratique, et bien que non liés à ce commandement, les Länder ont adopté une organisation administrative similaire, en séparant les services de renseignement des forces de police. À noter enfin que les « nouveaux Länder » ayant rejoint la République fédérale en 1990 après la réunification ont également tous adopté le même schéma organisationnel. Une élue régionale de Saxe[1] justifie cet état de fait par l'histoire des régions de l'ex-République Démocratique Allemande (RDA). Celles-ci sortaient en 1990 d'un régime autoritaire au sein duquel l'administration de la Stasi avait concentré durant 40 ans les pouvoirs de surveillance et de police au sein d'une même institution chargée d'assurer la sécurité de l'État. Cela a donc pu favoriser l'engouement pour le modèle de séparation entre services de renseignement et de police.

La Trennungsgebot aujourd'hui : qu'en reste-t-il ?

Dans le cadre du débat suscité par l'affaire du NSU, l'exigence de séparation entre les services collectant des renseignements sur les extrémistes et la police a été interrogée. Effectivement, le manque de coordination entre ces deux administrations a précisément été mis en exergue lors des auditions menées au sein de la commission d'enquête du

[1] Entretien le 14 février 2013, Parlement régional de Saxe, Dresde.

Bundestag[1]. La totalité des représentants politiques et des fonctionnaires interrogés dans le cadre de cette recherche n'ont pas remis en cause cette tradition de l'administration allemande. Un collaborateur du groupe de la fraction du parti social-démocrate[2], le SPD, spécialiste des questions intérieures, explique par exemple que la *Trennungsgebot* n'interdit en aucun cas les échanges d'informations entre les deux institutions. La séparation n'est qu'organisationnelle, ce qui permet d'assurer une clarté administrative puisque les missions des deux institutions sont distinctes.

Plus concrètement, la directrice du renseignement dans le Brandebourg, donne un exemple précis illustrant ce que la *Trennungsgebot* n'est pas :

> « Les informations que nous avons doivent être transmises à l'autorité publique qui dispose des pouvoirs exécutifs (que nous n'avons pas de par notre statut) correspondants. Il peut s'agir de la police, de la justice, des services sociaux... Par exemple, si un aubergiste héberge des groupes d'extrême droite ayant des activités néonazies, cela étant interdit, il devient - une fois l'information obtenue par nos services - possible de fermer l'auberge. Nous devons alors transmettre l'information à l'autorité administrative chargée de faire appliquer le droit sur les débits de boisson (Gaststättenrecht). »

Ces propos apportent un éclairage sur la collaboration nécessaire entre les administrations de renseignement et de police. La séparation des services de renseignement avec une mission de surveillance des autres administrations ayant des pouvoirs exécutifs (comme la police) n'exclut pas – bien au contraire – la circulation de l'information entre les administrations. Devant cet attachement à la séparation organisationnelle entre *Verfassungsschutz* et police, il a toutefois fallu s'interroger sur la difficulté de faire fonctionner ce système organisationnel complexe. Même s'il n'est pas question de remettre en cause la *Trennungsgebot*, en raison de son caractère traditionnel et profondément ancré dans les

---

[1] Auditions du Président et du Vice-Président de la *Verfassungsschutz* de Thuringe au *Bundestag* le 21 février 2013.

[2] Entretien téléphonique le 22 mars 2013.

institutions démocratiques allemandes, on est en droit de s'intéresser aux conséquences de cette séparation sur la mise en œuvre de leurs activités. L'affaire NSU a en effet mis au jour les problèmes de coopération existants entre la police et la *Verfassungsschutz*. Dès lors, si la séparation des institutions n'est pas à l'ordre du jour, devant le consensus qui semble régner aussi bien dans la sphère politique qu'au sein de l'administration, comment assurer une mise en œuvre des politiques publiques répondant à l'extrémisme de droite fluide où la transmission d'informations entre administrations serait effective ? En d'autres termes, il semble légitime d'interroger l'influence de l'organisation des administrations de sécurité sur la mise en œuvre des réponses apportées à l'extrémisme de droite.

3. Le fonctionnement concret de l'architecture institutionnelle répondant à l'extrême droite

Pour ce faire, il faut s'intéresser au fonctionnement concret des administrations de sécurité qui apportent des réponses à l'extrémisme de droite en Allemagne. Cela nous permettra d'obtenir une image plus détaillée des rouages administratifs, et ainsi de comprendre l'étendue du dispositif de sécurité mis en place sur le territoire allemand pour répondre à l'extrémisme.
L'administration des services de renseignement en Allemagne est divisée en 17 institutions indépendantes les unes des autres : il existe 16 administrations régionales, correspondant aux Länder, ainsi que la *Bundesverfassungsschutz* qui sont les services de renseignement de l'administration fédérale. Il est déterminant de comprendre que l'institution fédérale ne chapeaute pas les 16 *Verfassungsschutz* régionales. Effectivement, dans le cadre d'une République fédérale, ce rapport « hiérarchique » entre les administrations n'existe pas comme nous l'ont rappelé certains de nos interlocuteurs lorsque l'on a par mégarde employé le terme de « relations verticales entre échelon régional et fédéral ».

Organisation hétérogène des services de renseignement

Dans le cadre du fédéralisme allemand, il est dans un premier temps important de souligner l'hétérogénéité des modes d'organisation des *Landesverfassungsschutz* (services de renseignement régionaux). En effet, chaque région est dotée d'une loi organisant ses services de renseignement (*Verfassungsschutzgesetz*), qui peut donc connaître des variations d'une région à l'autre puisque le droit fédéral allemand n'impose aucun modèle. Huit Länder ont des administrations de renseignement organisées en services au sein du Ministère de l'Intérieur, tandis que dans les huit autres Länder, les services de renseignement sont organisés en offices séparés du ministère de l'Intérieur[1]. À titre d'exemple, la région de Saxe a une *Landesverfassungsschutz* qui, bien que juridiquement rattachée au Ministère de l'Intérieur saxon, est organisée en une institution relativement indépendante (*Landesamt*), un office, et ses services ne sont donc pas situés dans les locaux du ministère. Au contraire, les renseignements du Land de Rhénanie-du-Nord-Westphalie ne disposent que d'un service (*Abteilung*) situé dans les locaux du Ministère de l'Intérieur rhénan.

Un fonctionnaire, spécialiste des affaires intérieures dans l'administration du Land de Rhénanie-du-Nord-Westphalie (NRW), a souligné, lors de notre entretien[2], que la différence entre ces deux modèles ne réside aucunement dans les taches attribuées aux différentes *Verfassungsschutz*, mais seulement dans l'organisation de ces services. Ce dernier point suscite justement notre intérêt puisque cette étude se porte sur l'influence de l'organisation des services sur la mise en œuvre d'une politique publique définie. À la question de l'organisation optimale des services de renseignement régionaux, Frank Matthias se positionne en faveur du modèle de la NRW, qui permet selon lui une meilleure communication et coopération entre les services :

---

[1] Rapport d'enquête et d'évaluations effectué par une commission d'experts sur les services de la *Verfassungsschutz* de Saxe, 2013.

[2] Entretien le 5 mars 2013, Représentation du Land de NRW, Berlin.

« Si la Verfassungsschutz est organisée en un service, alors son directeur ne dirige qu'un département, comme n'importe quel chef de direction du ministère. Cette organisation permet également en pratique une rotation plus importante du personnel entre les différents services. Les directeurs du ministère se rassemblent une à deux fois par mois avec le ministre de l'Intérieur. Donc le chef du service de la Verfassungsschutz rencontre le chef de la police du Land au sein du ministère dans le cadre de réunions de travail. Ils se rencontrent et travaillent dans les mêmes locaux. Les gens se connaissent donc mieux et communiquent de manière plus optimale, car des liens quotidiens existent entre eux. Le contrôle politique est aussi plus important dans les locaux du ministère. Le ministre est le chef de la Verfassungsschutz dans tous les cas mais il existe une différence entre une personne qui dirige une Verfassungsschutz en étant chef d'une administration à part entière (dans le cas du Landesamt) ou lorsqu'une personne dirige un service (dans le cas de l'Abteilung). L'obligation de rapporter et les chemins hiérarchiques sont nécessairement plus présents dans le second cas. »

Enfin, cette forme organisationnelle présente l'avantage de gagner du temps dans les cas urgents ou politiquement sensibles que peuvent rencontrer les services en charge de la sécurité intérieure[1].

Cependant, cette question organisationnelle agite également l'administration saxonne (avec une *Verfassungsschutz* hors des locaux du ministère) depuis plusieurs années. Une étude a été effectuée à ce sujet, suite à l'affaire de prostitution enfantine ayant éclaté en 2007 dans différentes administrations saxonnes, donnant lieu à la publication du rapport Beyer-Irrgang. Celui-ci a notamment montré que l'organisation des services des *Verfassungsschutz* régionales en offices plus indépendants n'était pas responsable des difficultés connues dans le fonctionnement de cette administration. Les rédacteurs de cette étude voient en effet dans l'organisation de la *Verfassungsschutz* en office détaché une forme correspondant aux « missions

[1] Rapport Beyer-Irrgang, 2007.

particulières » et « isolées » de cette administration[1]. Par ailleurs, la communication entre les services, incluant la *Verfassungsschutz*, est limitée, selon les rédacteurs du rapport Beyer-Irrgang, en raison du caractère confidentiel de ses activités davantage qu'en raison du mode d'organisation choisi. L'organisation en office permet par ailleurs d'instaurer un conseil de surveillance, ce qui n'est pas le cas lorsque la *Verfassungsschutz* est organisée en simple service. La transparence des activités de ces services pourrait alors être renforcée. C'est la raison pour laquelle les conclusions finalement formulées par ce comité d'experts suggèrent que le système d'organisation des *Verfassungsschutz* n'est pas responsable des dysfonctionnements connus dans cette administration[2]. Le mode d'organisation des services de renseignement est donc variable d'une région à l'autre. Nous pouvons toutefois conclure ce développement en rappelant l'une des recommandations du rapport publié par la commission saxonne le 20 février 2013[3], qui souligne qu'au vu des conclusions du rapport Beyer-Irrgang et de leur propre enquête, le choix théorique entre organisation centralisée ou externalisée n'est pas déterminant dans la mise en œuvre des réponses à l'extrémisme de droite, tant que la structure interne permet un travail et une transparence optimaux.

En outre, il semble nécessaire de préciser que la taille des administrations en charge de répondre à l'extrémisme de droite varie d'une région à l'autre. À ce titre, il convient tout d'abord de rappeler l'écart des effectifs entre les services de renseignement et ceux de la police. Un agent interrogé souligne par exemple que là où les policiers de la région NRW[4] sont environ 50 000, les agents des services de renseignement ne sont qu'environ 400, soit environ cent fois moins. La plus forte force de frappe, en termes de personnel, est donc clairement du côté des forces de police. Il est cependant nécessaire de préciser

---

[1] *Ibid.*

[2] *Ibid.*

[3] Rapport d'un comité d'experts portant sur la gestion de l'affaire NSU par les autorités administratives saxonnes.

[4] À noter que la région de Rhénanie-du-Nord-Westphalie est la plus peuplée d'Allemagne.

que le nombre de celles-ci varie largement en fonction des régions. Effectivement, lors de la rencontre avec un haut fonctionnaire du ministère de l'Intérieur fédéral[1], ce dernier a insisté sur le déséquilibre entre les différents services de renseignement : à ce titre, il prend l'exemple de la *Verfassungsschutz* du Land de Brême, qui avec 30 agents, ne pourrait que faiblement faire face, seule, à une puissante attaque d'individus contre la Loi Fondamentale. Dès lors, il apparaît légitime de s'interroger sur l'importance que ces différences structurelles peuvent jouer sur la mise en place des politiques publiques répondant à l'extrémisme de droite. Ce questionnement sera donc pris en compte dans le troisième chapitre s'intéressant aux conséquences de la *Trennungsgebot* dans les réponses apportées par les administrations en charge de la sécurité intérieure à l'extrémisme de droite.

Les départements policiers répondant à l'extrémisme de droite, un labyrinthe institutionnel

La police se divise elle aussi entre des unités fédérales (*Bundespolizei*) et des services régionaux (*Landespolizei*), puisque conformément à l'article 30 de la Loi Fondamentale, « l'exercice des pouvoirs étatiques et l'accomplissement des missions de l'État relèvent des Länder, à moins que la présente Loi fondamentale n'en dispose autrement ou n'autorise une règle différente[2] ». Les activités de la police fédérale dans le domaine des réponses apportées à l'extrême droite se limitent en réalité aux affaires prenant une dimension nationale, voire internationale - c'est cette administration qui s'occupe par exemple de la coordination avec les autres partenaires européens. Juridiquement, la loi sur la police fédérale dispose dans son paragraphe 7 qu'elle est compétente, lorsqu'il existe un danger pour « l'existence ou l'ordre constitutionnel libéral et démocratique de l'État fédéral ou d'un Land[3] ». Cependant, dans notre étude, ce sont davantage les polices régionales qui nous

[1] Entretien le 5 mars 2013 au ministère de l'Intérieur fédéral, Berlin.

[2] Loi Fondamentale pour la République fédérale d'Allemagne, Article 30, 1949.

[3] *Bundespolizeigesetz* (loi sur la police fédérale), 1994.

intéresseront, puisqu'elles ont un rôle majeur dans les réponses apportées au quotidien à l'extrémisme de droite.

Il existe deux types de fonctionnement des services de police régionaux se chargeant de répondre à l'extrémisme de droite. Le premier tend à centraliser les agents dans un service qui concentre toutes les affaires concernant l'extrémisme politique. C'est par exemple le cas du Land de Berlin. Le directeur de la police criminelle de Berlin[1] explique le fonctionnement de l'institution qu'il dirige comme suit :

> « Il y a 8 services dans notre police criminelle car nous sommes une grosse structure. Nous avons en effet de nombreuses enquêtes à mener. Nous sommes environ 3300 agents à Berlin. Le service n° 5 s'occupe des délits politiques et extrémistes, ce qui inclut donc l'extrémisme de droite. Il s'agit de la protection d'État (Staatsschutz). Seul ce service détient cette compétence qui n'est partagée avec aucune direction[2]. Nous travaillons dans ce domaine de manière très centrale. Nous disposons d'environ 300 agents pour la Staatsschutz seule. »

[Question] Et qu'en est-il des délits politiquement motivés ?

> « Dans ce cas, c'est toujours la police criminelle qui s'en charge. Nous avons environ 100 000 affaires par an à Berlin. On ne peut donc pas discuter de tout avec le parquet, on les submergerait si on s'adressait à chaque fois à eux. Dans les délits de masse, la police enquête, et lorsqu'un coupable est arrêté, nous transmettons le cas au parquet. Dans les procédures pour délits politiquement motivés, le dialogue avec le parquet est rapide et efficace.
>
> Quel que soit le délit politiquement motivé commis, qu'il s'agisse de gribouillages extrémistes, de délits corporels, ou de dégradation de matériel, le service n° 5 de la police criminelle est compétent. »

Au contraire, d'autres régions ont choisi un éclatement des réponses apportées à l'extrémisme de droite entre différents services à l'image du Brandebourg. À ce titre, le directeur de la

---

[1] Entretien le 6 mars 2013, Siège de la police criminelle, Berlin.

[2] À noter qu'il existe 6 directions à Berlin. Elles correspondant à des sections découpées dans les différents arrondissements de la ville.

police de cette région[1] explique que la lutte contre l'extrême droite étant une des priorités du Land, les agents permettant la mise en place de réponses contre l'extrémisme ne sont pas centralisés en un seul service. La police criminelle comporte tout d'abord une direction centrale de protection de l'État. Cependant, à l'échelle du canton, chaque direction de police dispose également d'un service de protection de l'État. Ainsi, dans le Brandebourg, quatre services de protection de l'État locaux existent, auxquels il faut ajouter celui qui est rattaché à la police criminelle régionale. Enfin, le directeur de la police du Brandebourg évoque les sections MEGA *(Mobile Einsatzgruppen)* au sein des directions de police cantonales, réparties de façon homogène sur le territoire :

> « Ce sont des unités mobiles rattachées aux services locaux de la sécurité d'État. L'intérêt de ces agents est de pouvoir se déplacer sur leur secteur géographique et ainsi de repérer les groupes ou individus ayant des activités extrémistes et violentes. Il s'agit donc de quadriller le territoire en contrôlant les lieux de rendez-vous de ces groupes. Ces agents travaillent également avec la société civile, et sont ainsi profondément connectés au terrain ».

Les modèles d'organisation de police varient donc entre les régions, qui disposent d'une large liberté organisationnelle. L'architecture institutionnelle des services en charge du suivi de l'extrémisme de droite peut s'avérer complexe, particulièrement dans les régions où la lutte contre de tels phénomènes est mise à l'agenda. Après cette présentation théorique, nous pouvons conclure à la multiplicité des administrations en charge des réponses apportées par l'État à l'extrémisme de droite dans le domaine de la sécurité. Dès lors, il semble important de s'intéresser aux mécanismes de coopération qui ont été créés afin de permettre à ces nombreuses institutions de communiquer et de coopérer.

---

[1] Entretien le 7 mars 2013, Siège central de la police du Brandebourg, Potsdam.

4. Des instruments de coopération pour permettre aux administrations de sécurité de coordonner leurs réponses

Dans le système institutionnel des administrations chargées de la sécurité intérieure, nous avons précédemment montré que de nombreux services sont engagés. Ce ne sont pas moins de 34 institutions (17 *Verfassungsschutz* et 17 polices) qui doivent échanger leurs informations et se coordonner pour assurer la sécurité du territoire allemand. Afin de faciliter le fonctionnement de cette architecture institutionnelle et de permettre une coopération fluide entre les administrations publiques, plusieurs outils ont été mis en place. Ainsi la loi sur l'entraide administrative (*Amtshilfe*), dans le cas des services de renseignement de la région NRW par exemple[1], dispose que les administrations régionales et communales, les autres institutions sous le régime du droit public, ainsi que les tribunaux et les autres services de renseignement, pratiquent une aide administrative mutuelle. De manière plus concrète, si la police a besoin d'informations dans le cadre d'une de ses enquêtes sur un individu soupçonné d'avoir des activités d'extrême droite, il lui est possible d'obtenir des données provenant d'autres administrations, comme les services sociaux ou fiscaux.

Par ailleurs, des outils techniques ont été mis en place, aussi bien dans la police qu'au sein des services de renseignement, pour permettre une communication optimale entre les différents services. Au sein des services de la *Verfassungsschutz* tout d'abord, si un individu apparait aux agents de la Bavière comme étant un extrémiste de droite, il est important que ces derniers puissent être en mesure de savoir si cette personne est déjà connue des services de renseignement dans d'autres régions, et si oui, de quelle manière. En consultant la base de données inter-*Verfassungsschutz*, appelée NADIS[2], cela est techniquement possible. Ce système informatique, développé dans les années 1970, contient les données de toutes les *Verfassungsschutz*, ce qui inclut les informations concernant l'extrémisme de droite.

[1] Chaque Land dispose d'une loi qui définit les termes de l'entraide administrative. En pratique, les textes sont très similaires.

[2] Abréviation utilisée pour « *Nachrichtendienstliche Informationssystem* », système d'information des services de renseignement.

Ce système est ancien et ancré dans les pratiques des services de renseignement qui peuvent ainsi mutualiser leurs informations sur les extrémistes. Du côté de la police, cette dernière utilise la base de données INPOL[1] qui permet de mutualiser les données recueillies par les différentes polices criminelles du pays selon le même principe que NADIS. Cependant, aucun logiciel ne permettait d'échange d'information entre police et services de renseignement.

Concernant enfin la coopération entre les services de police et de renseignement qui doivent, comme nous l'avons vu, pouvoir communiquer entre eux, la coopération a originellement été rendue possible avec la conférence des ministres de l'Intérieur (*Innenministerkonferenz*, IMK). Cette conférence permet aux différents ministères de l'Intérieur des 16 Länder et de l'échelon fédéral de se rencontrer régulièrement. Mais ce sont également les directeurs des polices criminelles et des services de renseignement de chaque région qui, à cette occasion, se rencontrent et peuvent aussi échanger. Attention cependant, il s'agit d'un comité d'ordre politique. Ce fait, pointé lors d'un entretien avec le directeur de police du Brandebourg[2], met en évidence les limites des échanges qui ont lieu lors de ces rencontres, éminemment politiques, au sein desquelles les textes ne font que difficilement consensus. L'IMK semble dès lors être un outil limité dans la coordination des administrations.

Suite au scandale suscité par l'affaire NSU ayant secoué le monde politique et administratif, et en raison des difficultés rencontrées par les services de renseignement et ceux de la police dans la communication, de nouveaux instruments ont été créés depuis 2011. Deux principaux outils ont été développés, l'un technique et l'autre plus institutionnel. Dans un premier temps, un nouveau système d'information, commun cette fois à la police et aux services de renseignement, a été mis en place au printemps 2012. Contrairement au NADIS, il permet à toutes les *Verfassungsschutz,* mais également aux services de police

[1] Abréviation utilisée pour « *Informationstechnisches Verbundsystem von Bund und Länder* », réseau d'information technique entre la fédération et les régions.

[2] Entretien le 7 mars 2013, siège de la police du Brandebourg, Potsdam.

d'accéder à des informations communes. Il s'agit de la base de données extrême-droite (*Rechtsextremismus-Datei*, RED), qui mutualise les données des deux administrations sur les extrémistes de droite en Allemagne. L'accès à ces informations est permis à un nombre limité d'agents des administrations suivantes : les *Verfassungsschutz* régionales et fédérale, les polices criminelles régionales et fédérales, le service de renseignement militaire et la police fédérale. Pour utiliser cette base de données, les agents habilités (un nombre restreint) des polices criminelles allemandes peuvent consulter les données de RED provenant des *Verfassungsschutz.* Il s'agit de documents classés confidentiels ou secrets (*VS-Geheim*) regroupant les informations sur les individus ayant des activités d'extrême droite. Le degré de confidentialité est le second[1], correspondant à des données qui ne doivent pas être dévoilées sous peine de compromettre la sécurité intérieure de la République fédérale allemande ou de l'un de ses Länder. Ce système a pour but de permettre un échange « simplifié et automatisé » entre les services de renseignement et la police, selon les mots du directeur de la police criminelle de Berlin[2].

Dans un second temps, le ministre de l'Intérieur fédéral Hans-Peter Friedrich a annoncé en novembre 2012 la création d'un centre de défense commun contre l'extrémisme et le terrorisme (*Gemeinsames Extremismus- und Terrorismusabwehrzentrum,* GETZ). Il s'agit d'un « lieu de rencontre » entre les différentes administrations de sécurité chargées de répondre à l'extrémisme de droite[3]. Le centre est d'une part composé du *Polizeiliche Information- und Analysestelle* (PIAS), groupe au sein duquel se retrouvent les directeurs des polices criminelles, le procureur

[1] Il existe trois principaux niveaux de confidentialité : confidentiel, secret et secret défense.

[2] Entretien le 6 mars 2013, Siège de la police criminelle de Berlin, Berlin.

[3] À noter que les 34 représentants des LKA, BKA et *Verfassungsschutz* sont partis au GETZ de manière permanente. S'ajoutent un représentant du service de renseignement militaire et le directeur de la police fédérale. En fonction des cas discutés, des acteurs supplémentaires peuvent se joindre au GETZ : Europol, le procureur fédéral, le chef des services de douanes, un représentant des services de renseignement extérieur, un représentant de l'office fédéral pour les migrations et les réfugiés ou un représentant de l'office fédéral pour l'économie et le contrôle des exportations.

général et la police fédérale et d'autre part du *Nachrichtendienstliche Information- und Analysestelle* (NIAS), second groupe au sein duquel se rassemblent les directeurs des administrations de renseignement régionales et fédérales (incluant le renseignement militaire et le renseignement extérieur). Cependant, l'intérêt du centre est son travail de coopération inter-administratif rendu possible par des groupes de travail regroupant des membres du PIAS et du NIAS. Les problématiques traitées sont larges, allant de l'évaluation des risques causés par la droite radicale à l'analyse de certaines affaires jusqu'à la discussion de l'opportunité d'interdire des organisations. L'intérêt de ce centre est de ne pas être un organe politique, contrairement à l'IMK ; il présente donc l'avantage de permettre aux fonctionnaires de la police et des services de renseignement de coopérer, d'échanger, sans enjeu politique sous-jacent. Permanent, il consiste en un outil de coopération, qui se veut durable dans le paysage des administrations de sécurité allemandes répondant à l'extrémisme de droite.

Les outils dont disposent les administrations de sécurité pour lutter contre l'extrémisme de droite ont donc évolué depuis la découverte du NSU, augmentant les possibilités de coopération entre services de renseignement et police aussi bien par le biais d'instruments techniques comme le RED que de plateformes permettant les échanges personnels comme le GETZ. Les fondements juridiques allemands, originaux pour le lecteur français, sont finalement déterminants pour comprendre l'organisation de l'architecture des administrations de sécurité chargées de répondre à l'extrémisme de droite. Cette architecture s'est construite sur un fondement central qui est celui de la séparation des services de renseignement qui observent les extrémistes et les services de police, qui disposent de pouvoirs exécutifs pour les appréhender. Cette séparation a donné lieu à la création de différents outils de coordination, aussi bien techniques qu'institutionnels. Leur objectif est de permettre une coopération qui n'est pas interdite mais plutôt encouragée entre les deux administrations. L'aspect fédéral est un second élément rendant la coordination entre les différentes institutions chargées de répondre à l'extrême droite encore plus indispensable puisque 34 institutions doivent être en mesure de communiquer et coopérer pour assurer la sécurité permanente sur l'ensemble du territoire.

Maintenant que les principaux fondements propres au contexte allemand ont été décrits (nature de l'extrême droite allemande en chapitre 1 et rouages de l'architecture institutionnelle en chapitre 2, il convient désormais de s'intéresser aux conséquences qu'ont, d'une part, la structure fédérale de l'État allemand, et d'autre part la *Trennungsgebot* (principe de séparation entre les services de police et ceux de renseignement), sur le travail des administrations chargées de mettre en œuvre les politiques publiques répondant à l'extrémisme de droite.

CHAPITRE 3

L'ARCHITECTURE INSTITUTIONNELLE DES ADMINISTRATIONS DE SECURITE A L'EPREUVE DE LA COOPERATION

Le point de départ de notre démonstration visant à établir l'influence du système institutionnel sur la mise en place des réponses de l'État allemand à l'extrémisme de droite commence par une interrogation sur la capacité des administrations impliquées à communiquer et donc à coopérer entre elles. Les informations recueillies lors de notre terrain de recherche, enrichies par la prise en compte de la littérature académique sur le sujet, nous portent à croire que les éléments structurant les administrations de sécurité ont un impact fort sur la manière dont les agents de ces institutions coopèrent entre eux. Par éléments structurels, nous entendons la nature fédérale de l'État allemand, de même que l'obligation de séparation des services de renseignement et de police. Nous nous fixons l'objectif, dans ce chapitre, de démontrer en quoi ces éléments structurels agissent effectivement sur la manière dont les administrations coopèrent entre elles pour répondre à l'extrémisme de droite, mais également comment ils imposent une coopération accentuée, ce qui a fait défaut jusqu'à l'éclatement de l'affaire NSU.

Le premier développement s'efforcera d'expliciter le lien entre l'atomicité[1] des administrations et les difficultés de communication existant entre celles-ci. Nous chercherons dans un second temps à montrer l'effet concret des règles juridiques fondamentales (séparations entre police et *Verfassungsschutz*, loi de protection des données privées...) et de l'organisation interne des services sur la coopération entre les administrations

[1] Par « atomicité des administrations de sécurité », nous entendons un système institutionnel dans lequel les services chargés de la lutte contre l'extrémisme politique sont si nombreux que leur action individuelle contre le phénomène extrémiste est assez limitée.

répondant à l'extrémisme de droite. Enfin, nous nous interrogerons sur les objectifs ainsi que sur les premiers effets des outils (RED, GETZ..) récemment mis en œuvre pour améliorer la coopération entre police et *Verfassungsschutz* sur la mise en œuvre des réponses apportées à l'extrémisme de droite.

1. Une coopération difficile entre les institutions

Le chapitre précédent avait pour but de présenter l'architecture institutionnelle des administrations en charge de la sécurité en Allemagne. Nous avons de fait montré qu'il existe un nombre important d'administrations chargées de répondre à l'extrémisme de droite. Nous pouvons également employer le terme d'atomicité des administrations, qui est caractérisé par deux principaux éléments structurels qu'il est essentiel de ne pas perdre de vue : la nature fédérale de l'État allemand ainsi que la *Trennungsgebot*. Concernant cette dernière, il est important de souligner que la Cour Constitutionnelle de Karlsruhe ne s'était jamais prononcée sur sa définition précise, c'est-à-dire sur les limites de l'obligation de séparation des activités entre police et services de renseignement, silence qui laissait subsister une incertitude. Le 24 avril 2013, la Cour de Karlsruhe s'est finalement exprimée dans le cadre d'une décision concernant la base de données sur les islamistes commune aux services de renseignement et à la police, et l'a définitivement entérinée. Notre objectif ici ne sera donc pas de discuter de la pertinence de cette séparation. Il s'agira plutôt d'étudier et de questionner ses effets concrets sur le travail des fonctionnaires.

Cette séparation aussi bien que l'organisation fédérale des administrations de sécurité compliquent la communication et la coopération entre les agents. L'atomicité des missions relevant de la sécurité intérieure au sein de 34 administrations devant coopérer, bien qu'étant géographiquement et juridiquement séparées, semble a priori nécessiter une organisation plus conséquente que dans un pays où l'organisation des forces de sécurité est centralisée. La problématique de la coordination de nombreux services dans le cadre fédéral est régulièrement revenue lors des différents entretiens réalisés. Un fonctionnaire du ministère fédéral de l'Intérieur que nous avons pu interroger s'est exprimé comme suit sur la séparation des administrations de sécurité répondant à l'extrémisme de droite[1] :

> « On a 34 administrations en Allemagne qui s'occupent de l'extrémisme de droite. C'est un souci parce que toutes ces administrations doivent pouvoir observer efficacement un groupe terroriste puis l'arrêter. Ce sont 34 administrations qui doivent coopérer pour ce faire. Et c'est une difficulté organisationnelle. Le fédéralisme est un principe traditionnel en Allemagne, c'est comme ça, et ça doit le rester. Mais dans le domaine de la sécurité, le fédéralisme pose un problème de coordination et de coopération. Nous devons être sûrs que les 34 administrations sont au courant de ce que chacune fait. Sinon, nous avons des « zones vides ». Pour régler ce problème, il y a la Verfassungsschutz et la police criminelle à l'échelon fédéral. Ce sont des institutions centrales qui centralisent toutes les informations, le savoir des 16 Länder. Il existe naturellement une coopération entre la Verfassungsschutz et la police criminelle à l'échelon fédéral, à laquelle les 16 Lander sont inclus. Il y a également des contacts entre les services de renseignement grâce à NADIS. Et il y a beaucoup de contacts entre les 16 polices criminelles et les 16 services de renseignement. Ils sont tous liés et soudés. Et ce n'est ainsi, que parce que nous sommes dans un État fédéral. En France, vous n'avez pas besoin de tout ça. Dans les États centralisés, vous n'avez qu'une communication verticale alors qu'en Allemagne nous avons un système en étoile. »

L'interrogé nous suggère donc ici qu'une coopération accentuée est nécessaire au vu de l'architecture institutionnelle, qui se décline en communication entre échelon fédéral et échelon régional, entre les régions elles-mêmes, et enfin entre services de police et de renseignement. Au-delà de cet aspect institutionnel largement théorique, la question des échanges entre les différentes institutions a constitué une part prépondérante de chacun des entretiens menés avec des fonctionnaires, signe que la thématique de la coopération reste au centre du fonctionnement quotidien des administrations de sécurité. À cet égard, le débat autour de l'affaire NSU a mis au

---

[1] Entretien le 5 mars 2013, ministère de l'Intérieur fédéral, Berlin.

jour certaines difficultés auxquelles les administrations chargées des réponses à l'extrémisme de droite ont dû faire face. À titre d'exemple, le rapport du juge constitutionnel Schäfer portant sur le rôle joué par les autorités de Thuringe dans la gestion du groupuscule NSU met en lumière les déficits concernant la transmission d'informations entre la *Verfassungsschutz* régionale et la police criminelle de Thuringe[1]. À l'échelon fédéral, la commission d'enquête du *Bundestag* sur le NSU a souligné le manque de communication entre les polices criminelles de Thuringe et de Saxe, lorsqu'elles essayaient d'appréhender le trio d'extrémistes du NSU[2]. Il semble donc de plus en plus évident que les administrations de sécurité aient fait l'expérience de problèmes, reconnus par les fonctionnaires eux-mêmes lors de leurs auditions en commission d'enquête, concernant la coopération dans les réponses apportées à l'extrême droite. Il est certes nécessaire de remettre les déclarations des fonctionnaires dans leur contexte, dans la mesure où elles sont liées à une affaire spécifique. Cependant, ce cas nous permet de pointer les difficultés générées par l'architecture institutionnelle sur la coopération entre les administrations et donc la mise en œuvre des réponses apportées à l'extrémisme de droite. Il importe désormais de comprendre l'effet des différents éléments structurels sur la coopération entre ces administrations.

2. Effets des règles juridiques sur la coopération entre les administrations de sécurité

Intéressons-nous tout d'abord au rôle qu'exercent les principales règles juridiques sur les pratiques des fonctionnaires au prisme de la tradition allemande de l'État de droit (*Rechtsstaat*), de la loi G-10, de la loi disposant du fonctionnement des *Verfassungsschutz*, et de la *Trennungsgebot*.

---

[1] Voir le rapport Schäfer, p. 199 et suivantes.

[2] Voir compte rendu officiel des auditions du 14 mars 2013, accès le 27 avril 2013 http://www.bundestag.de/dokumente/textarchiv/2013/43271458_kw11_pa_nsu_ua/index.html.

L'influence des règles marquant l'architecture institutionnelle des administrations de sécurité est d'autant plus forte dans le contexte allemand que la tradition administrative met l'accent sur le concept de *Rechtsstaat*[1], littéralement « État de droit », dans l'action de l'administration. Cela signifie concrètement que les fonctionnaires, dans leurs pratiques, restent très attachés aux règles et lois élaborées par les institutions parlementaires. On l'a remarqué, au cours de notre terrain de recherche, par la place essentielle que tiennent les juristes dans la hiérarchie administrative. Effectivement, que ce soit au sein de la *Verfassungsschutz* ou du ministère de l'Intérieur, les interlocuteurs rencontrés, qui sont directeurs de services, ont tous reçu une formation juridique. Un élément concret est apporté de ce point de vue par la directrice de la *Verfassungsschutz* du Brandebourg[2], qui s'explique sur les raisons pour lesquelles elle souhaiterait disposer de davantage de juristes au sein de son service.

[Question] Vous venez de nous dire que vous souhaiteriez avoir plus de juristes dans votre service, pourquoi cela ?

> « Le travail de l'administration se base avant tout sur des fondements juridiques. Il faut donc connaitre la loi et l'utiliser en permanence. Et nous avons trop peu d'agents qui puissent bien comprendre l'importance de l'application du droit, c'est-à-dire 'comment est-ce que j'agis conformément à la loi dans telle situation ?' C'est un vrai problème pour les agents ayant une formation en science politique par exemple. »

De la même manière, après l'analyse des réponses écrites du directeur de la *Verfassungsschutz* de Saxe au questionnaire envoyé, force est de constater la volonté omniprésente d'appliquer strictement la règle de droit dans les pratiques administratives. La réponse apportée à des questions telles que « *Quelle est selon vous la latitude des fonctionnaires des*

---

[1] Guy Peters, *The Politics of Bureaucracy : An Introduction to Comparative Public Administration.* Routledge : London and New York, 2010, 6e Édition, 380 p.

[2] Entretien le 20 février 2013, ministère de l'Intérieur du Brandebourg, Potsdam.

services de renseignement dans leur prise de décision au quotidien ? », est invariablement la suivante : « *les agents mettent en œuvre le droit applicable* ». Au-delà de cette réponse, qui est à considérer comme une manière d'éluder toute polémique sur d'éventuelles difficultés rencontrées par son administration lors de l'affaire NSU[1], il semblerait qu'une des principales préoccupations soit d'appliquer strictement le droit. Ceci est certes légitime et rassurant dans un État démocratique, mais il semble que cette réponse puisse aussi être interprétée comme caractéristique des traditions administratives allemandes qui fondent leur activité sur des textes de droit régissant la mise en œuvre des politiques publiques. Cela illustre ici la prépondérance de l'État de droit, reconnu par ailleurs par la science politique comparée[2]. Enfin, cet exemple suggère que les règles juridiques existantes ont un impact fort sur les pratiques des fonctionnaires répondant à l'extrémisme de droite, et donc potentiellement sur leur capacité à coopérer, en raison des traditions mêmes de l'administration allemande.

Le manque de coopération commence au niveau des différents échelons des services de renseignement. Ce dysfonctionnement mis en lumière par l'affaire NSU n'est-il que ponctuel ? Cette question devait être éclaircie lors des entretiens de terrain. Un référant du groupe de la CDU/CSU au *Bundestag* a affirmé, lors de notre rencontre que « *les renseignements ne circulent pas entre les régions, ce qui constitue un problème systémique*[3] ». Cette affirmation nous a amenée à nous intéresser à l'impact des règles juridiques existantes sur les pratiques des fonctionnaires. Si ce manque de communication est bien systémique, il se pourrait donc que les règles fondant le système aient un impact sur la mise en œuvre des politiques

[1] Dans le contexte sensible actuel pour les services de renseignement, les réponses du questionnaire écrit renvoyé par la *Verfassungsschutz* de Saxe étaient peu développées et attestaient clairement d'une volonté de rester très général, afin qu'il ne soit possible, lors du traitement des données, d'apprécier la manière dont les agents de Saxe travaillent.

[2] Christoph Knill, European Policies: The Impact of National Administrative Traditions. *Journal of Public Policy.* 1998, vol. 18, n° 1, p. 1-28.

[3] Entretien mené au *Bundestag*, 15 février 2013.

publiques luttant contre l'extrémisme de droite par les fonctionnaires.

La protection des données privées, constitutionnellement reconnue, est fondamentale dans les pratiques administratives en Allemagne. À titre d'exemple, dans le champ d'activité de la *Verfassungsschutz*, les cas de transmission des données personnelles obtenues par des moyens de surveillance sont limités. Les déficits communicationnels entre les différents services de renseignement pourraient-ils être liés à cette disposition ? Pour rappel, la loi G-10[1] encadre l'utilisation des moyens de surveillance par les services de renseignement. Celle-ci a pour objectif de combiner l'exigence de protection de l'ordre constitutionnel tout en permettant la préservation de la vie privée des personnes, en vertu de l'article 10 de la Loi Fondamentale qui dispose que

> « le secret de la correspondance ainsi que le secret de la poste et des télécommunications sont inviolables. Des restrictions ne peuvent y être apportées qu'en vertu d'une loi. Si la restriction est destinée à défendre l'ordre constitutionnel libéral et démocratique, ou l'existence ou la sécurité de la Fédération ou d'un Land, la loi peut disposer que l'intéressé n'en sera pas informé et que le recours juridictionnel est remplacé par le contrôle d'organes et d'organes auxiliaires désignés par la représentation du peuple ».

Par conséquent, une partie de la loi G-10 (§7-8) encadre strictement la transmission de données personnelles récupérées grâce à des moyens de surveillance à d'autres administrations. Ces articles nous intéressent ici en ce qu'ils restreignent le partage des informations portant sur des individus surveillés, entre les services de l'administration qui les recueille (*Verfassungsschutz*) et les autres administrations (police par exemple). L'article 7 n'autorise ainsi le partage des informations entre les services de renseignement eux-mêmes que dans les cas où « ces données sont nécessaires à la collection et à l'évaluation des renseignements sur les agissements de

[1] Nom complet : Gesetz zur Beschränkung des Brief-, Post- und Fernmeldegeheimnisses. Loi limitant la confidentialité des communications postales et des télécommunications.

personnes contre la République fédérale allemande, qui se traduiraient par la violence ou des actes préparatoires allant contre l'ordre constitutionnel garanti par la Loi Fondamentale ». Cette restriction semble en effet nécessaire en raison de l'importance accordée à la vie privée par la Loi Fondamentale. Cependant, elle apporte de fait un frein à la coopération entre les services de renseignement eux-mêmes.

Un élément supplémentaire corroborant la théorie selon laquelle les règles juridiques ont un impact sur la coopération des services administratifs, se trouve dans la loi régissant les activités des différentes *Verfassungsschutz*[1]. Dans le cas de la *Verfassungsschutz* fédérale, la loi ne précise pas le régime de transmission de données entre les services de renseignement. Certes, la loi dispose que le travail de coopération entre les services de renseignement est obligatoire[2], ce que rappelle l'article 73 §1- 10 dans la Loi Fondamentale[3]. Pourtant, cette obligation est quasiment privée de tout critère spécifique[4]. Donc les échanges d'informations effectivement mis en œuvre dépendent largement de l'appréciation de l'autorité[5], puisque la législation n'est pas précise, point sur lequel le Prof. Dr Amadeus Wolff[6] préconise d'entamer une concertation et un examen approfondi en vue d'un éventuel changement, en raison des manques de coopération observés au sein de ces administrations.

De manière plus concrète, l'affaire NSU illustre l'impact des règles juridiques sur les pratiques des administrations luttant

---

[1] *Bundesverfassungsschutzgesetz* pour l'échelon fédéral, et 16 *Landesverfassungsschutzgesetze* pour les régions.

[2] L'État fédéral et les régions sont obligés, en ce qui concerne les services de renseignement de travailler ensemble (*Zusammenarbeitspflicht*).

[3] « La Fédération a la compétence législative exclusive dans les matières suivantes : (...) coopération de la Fédération et des Länder (...) pour protéger l'ordre constitutionnel libéral et démocratique ».

[4] cf. rapport du Prof. Dr Wolff produit dans le cadre de la Commission d'enquête du *Bundestag* sur les agissements du NSU lors de son audition en mars 2012.

[5] *Ibid.*

[6] Expertise juridique sur l'architecture institutionnelle des administrations de sécurité pour la commission d'enquête du *Bundestag*, mars 2012 (non publiée).

contre l'extrémisme de droite. Effectivement, la *Verfassungsschutz* de Thuringe a été accusée de ne pas avoir transmis suffisamment d'informations à la *Verfassungsschutz* du Land voisin, la Saxe. Le rapport du juge Schäfer souligne ainsi ne pas pouvoir identifier de coopération réelle entre les *Verfassungsschutz* fédérale, saxonne et thuringeoise au vu des pièces consultées (documents administratifs confidentiels témoignant des correspondances). Or le groupe NSU menait alors ses agissements sur la totalité du territoire allemand (et en particulier en Thuringe et en Saxe), ce qui aurait dû justifier une coopération intense entre les administrations[1]. Donc en termes de pratiques administratives, il semblerait que la législation en place ait pu contribuer à des dysfonctionnements dans le domaine de la coopération, qui se sont développés au sein des services de renseignement en particulier.

La règle de la *Trennungsgebot* n'est pas à remettre en cause en raison de son caractère désormais constitutionnel, puisque reconnue le 24 avril 2013 dans un arrêt de la Cour Constitutionnelle de Karlsruhe. Cependant, il semble pertinent de questionner l'impact de cette règle sur la coopération entre les *Verfassungsschutz* et la police. Effectivement, plusieurs des entretiens de terrain réalisés font apparaître que la règle juridique n'interdit pas les échanges entre les deux institutions administratives chargées de répondre à l'extrémisme de droite. La règle ne l'empêche certes pas, mais la pratique montre cependant un déficit communicationnel important (comme précisé précédemment). Dès lors, peut-on maintenir qu'il peut y avoir un lien entre la *Trennungsgebot* et les difficultés rencontrées dans la coopération entre les services de renseignement et la police ? Il semblerait en effet qu'une conséquence indirecte de cette règle inscrite dans le paysage institutionnel allemand soit la méconnaissance entre les agents des services de sécurité. Contrairement au cas précédemment évoqué (échange d'informations entre *Verfassungsschutz*), la règle juridique concernant les cas de transmission d'informations de nature privée sur des personnes entre services

---

[1] Rapport Schäfer, p. 222, § 391.

de renseignement et de police est claire[1]. Les services de renseignement et de police étant séparés en raison de la *Trennungsgebot*, la coopération entre eux s'effectue de manière distante, ce qui semble avoir un effet sur la communication entre les fonctionnaires. Les agents des deux administrations, avant que ne soient créés les centres de coopération[2], ne se « rencontraient » que de manière virtuelle, par échanges informatiques ou téléphoniques. Ils ne se connaissaient en réalité que très peu. Cet aspect concret pourrait paraître anecdotique de premier abord ; or, dans un domaine tel que celui de la sécurité intérieure, marqué par la confidentialité, l'existence d'un lien de confiance entre les différents services administratifs semble déterminante pour permettre une coopération effective. Selon un acteur rencontré au ministère fédéral de l'Intérieur[3] :

> « si un agent décide de dire à son collègue quelque chose qu'il sait, alors, l'autre personne partagera également ce qu'elle sait. C'est une situation gagnant-gagnant, et c'est plaisant. De nouvelles chances naissent des deux côtés [du côté de la police et du côté des services de renseignement] pour élargir ses horizons de connaissance, apprendre de nouveaux éléments ; c'est bien et l'agent effectue son travail avec plus de plaisir (...). Les agents doivent échanger pour que ça [le système] fonctionne ».

La coopération, qui est donc un objectif prioritaire en raison de l'architecture institutionnelle morcelée, n'est pas toujours effective en raison notamment de la distance entre la police et les services de renseignement. Si le système, et donc la séparation entre police et services de renseignement, n'est pas à blâmer[4], cette règle a toutefois forgé des habitudes chez les agents où la coopération est peu présente, et exerce par conséquent une influence sur la façon dont ces derniers mettent

---

[1] Voir la loi fédérale sur les services de renseignement. (*Bundesverfassungsschutzgesetz*) et l'expertise du Prof. Dr Wolff.

[2] Pour la lutte contre l'extrémisme de droite par les administrations dé sécurité, GETZ fondé en novembre 2012.

[3] Entretien le 5 mars 2013, ministère de l'Intérieur fédéral, Berlin.

[4] Confirmé par l'expertise du Prof. Wolff qui ne remet pas en cause l'architecture institutionnelle.

en œuvre les politiques publiques répondant à l'extrémisme de droite.

3. Les effets de l'organisation institutionnelle des services répondant à l'extrémisme de droite sur la mise en œuvre de ces réponses

Un troisième axe de réflexion sur les éléments structurels influençant la manière dont les fonctionnaires mettent en œuvre les réponses de l'État allemand à l'extrémisme de droite est l'importance de la structure institutionnelle. Quel est l'impact de la structure fédérale et de l'organisation interne des services de renseignement sur la coopération entre les administrations de sécurité ? Un élément souligné par le Prof. Dr Wolff dans son intervention auprès des parlementaires allemands est la diversité des autorités s'occupant de la sécurité nationale. Celle-ci est nécessairement accompagnée de missions qui varient d'une administration à l'autre. À titre d'exemple, nous pouvons citer la police poursuivant les personnes voulant déstabiliser l'ordre constitutionnel, tandis que la *Verfassungsschutz* ne fait qu'observer les personnes voulant potentiellement combattre la Loi Fondamentale. Une des conséquences de cet état de fait serait alors le développement d'intérêts divergents et une forme de compétition entre les administrations afin de défendre leur légitimité à exister. Cette affirmation a pu être vérifiée lors de notre enquête de terrain, particulièrement lors de notre rencontre avec un haut fonctionnaire du ministère fédéral de l'Intérieur, qui s'est exprimé comme suit par rapport au refus des services de renseignement de la région de Thuringe à coopérer, voire à déléguer une partie de leurs prérogatives à l'échelon fédéral : « *Ils ne veulent déléguer aucune compétence à l'échelon fédéral. Peu importe ce qu'il se passe. Encore 10 fois l'affaire NSU* [rappelons que le groupe terroriste NSU s'est développé en Thuringe, sous les yeux des services de renseignement de ce Land], *peu importe. 'On peut le faire, on le fait... La Thuringe va y arriver!' On a vu ça : 10 morts et 20 blessés* ».

Il semblerait donc que chaque administration ait ses intérêts à défendre, et principalement sa légitimité à exister concernant les petites régions telles que la Thuringe. De fait, ces intérêts, propres à chaque structure, ne favorisent pas la coopération, surtout celle entre l'échelon fédéral et régional, où des antagonismes peuvent se former.

Un élément lié, qui est à prendre en compte dans le développement d'intérêts propres pouvant empêcher une coopération optimale, est l'hétérogénéité territoriale des 16 régions allemandes. Ce sujet a été régulièrement évoqué au cours des entretiens menés. Quel impact peut donc avoir la taille de la région sur la mise en place par les administrations des réponses à l'extrémisme de droite ? Un représentant des administrations de sécurité de la région de Rhénanie-du-Nord-Westphalie tout comme un haut fonctionnaire du ministère fédéral de l'Intérieur ont souligné que les régions les plus importantes, de par leur taille et leur budget conséquents, ont un domaine d'expertise large. Ainsi, la police criminelle bavaroise dispose par exemple d'une unité spéciale, effectuant des expertises scientifiques et intervenant régulièrement dans d'autres régions afin de les assister. Au contraire, certains Länder, de taille réduite, comme la Sarre ou la ville État de Brême, ne disposent pas de ces moyens et ont des administrations aux structures plus faibles. À titre d'exemple, la *Verfassungsschutz* de Brême dispose d'une trentaine d'agents (qui ne s'occupent par ailleurs pas exclusivement de l'extrémisme de droite, mais également de l'islamisme, de l'extrémisme de gauche...). On peut à ce titre s'interroger sur la capacité de réponse de tels services dans un domaine comme la sécurité si d'éventuelles attaques devaient avoir lieu. Cette problématique se pose principalement au sein des services de renseignement, puisque dans le cas de la police, une affaire peut être transmise par le procureur général fédéral d'une police régionale à la police fédérale si les forces régionales ne sont plus en mesure de poursuivre l'enquête. En revanche, cela n'est juridiquement pas possible pour la *Verfassungsschutz*. Il est dès lors légitime de se poser les questions suivantes : comment envisager la mise en œuvre effective des réponses contre l'extrémisme de droite, si une petite région refuse de déléguer une affaire au niveau fédéral ou de demander de l'aide ? Faudrait-il envisager une centralisation des institutions en cas d'urgence[1] pour parer tout déficit de coopération ? Ces interrogations se posant à l'État allemand montrent le lien ténu entre le facteur structurel important que sont la taille et les moyens financiers d'un Land et sa capacité à mettre en œuvre des réponses à un phénomène aussi difficilement prévisible que l'extrémisme de droite.

Si l'on adopte une échelle microsociologique et que l'on s'intéresse à l'organisation des services des *Verfassungsschutz* qui s'occupent de l'extrémisme de droite, l'on remarque que la configuration traditionnelle est la division des agents en deux catégories. D'une part, ceux qui cherchent et communiquent avec les indicateurs issus de mouvements extrémistes[2] et d'autre part, ceux qui analysent les informations obtenues par les premiers et les sources publiques comme internet ou la presse[3]. Cette division se comprend aisément, puisque les deux postes nécessitent des compétences spécifiques. Ainsi, un représentant des autorités de sécurité de Rhénanie-du-Nord-Westphalie a expliqué avoir occupé durant quelques mois un poste d'analyste, tout en assurant qu'il n'aurait pu s'occuper de la collecte des informations en raison de l'incompatibilité du poste avec sa qualification de juriste. Cette division interne des tâches au sein des services a ainsi mené à une compartimentalisation du travail effectué, même si les sections ne sont désormais plus séparées[4]. La directrice de la *Verfassungsschutz* décrit ainsi le processus tel qu'il fonctionne traditionnellement[5]:

> « Traditionnellement, l'agent de la Verfassungsschutz voulait seulement savoir de ses collègues ce dont il avait absolument

[1] La personne interrogée au ministère fédéral de l'Intérieur formule cette éventualité par le terme de « *Selbsteintrittsrecht* », signifiant un droit d'entrée légitime pour l'échelon fédéral dans les affaires régionales. Un tel projet a jusqu'à présent toujours été rejeté par les Länder.

[2] *Beschaffer* en allemand.

[3] *Auswerter* en allemand.

[4] Rapport Schäfer, p. 186.

[5] Ce témoignage correspond à ceux obtenus lors des auditions de la commission d'enquête du *Bundestag* où les auditionnés, à l'instar d'un ancien agent de la *Verfassungsschutz* de Thuringe (audition du 28 février 2013), ont maintes fois affirmé ne pas être en possession des informations de leurs collègues, mais aussi ne pas être en contact avec leurs collègues des régions voisines.

besoin pour effectuer son travail. Le mot clé étant : 'des connaissances que lorsque nécessaire'. Cela n'aidait pas. On doit toujours en savoir plus afin de pouvoir comprendre les choses. Entre-temps, on a compris qu'il fallait partager le savoir, et donc coopérer au sein des services. (...) Il y a désormais dans mon département un traitement des données commun, mais la capacité des équipes à travailler ensemble doit encore être améliorée. Le travail d'équipe est un élément qui peut et doit être appris. (...) Généralement, la méthodologie de travail allemande [dans l'administration] n'est pas très familière avec le travail en équipe concernant l'évaluation des informations détenues. Acquérir des connaissances sur un problème ensemble, au même moment, reste difficile. Nous travaillons volontiers de manière successive. »

La coopération reste donc un objectif prioritaire entre les agents d'un même service afin de parvenir à une mise en œuvre des réponses à l'extrémisme de droite qui permette réellement, selon les objectifs fixés par la loi, de stopper toute tentative de déstabilisation de l'ordre constitutionnel.

Enfin, la personne référente de la faction CDU/CSU au *Bundestag* sur l'affaire NSU[1] a insisté sur un autre élément à prendre en compte dans l'interprétation du déficit de coopération entre les agents d'un même service. Il n'existe en effet aucune procédure instaurant l'intervention d'une opinion adverse (*advocacy*) au cours de l'évaluation des informations compilées par la *Verfassungsschutz.* L'ancien président du service de renseignement extérieur, August Hanning, a regretté lors de son audition devant la commission parlementaire du *Bundestag*[2] sur le NSU qu'il n'existe aucune procédure administrative au sein des services de renseignement, qui permette de donner la parole à « une partie adverse », un agent qui n'aurait pas eu à connaître de l'affaire auparavant, lorsqu'il s'agit de trancher une affaire. Cette manière de travailler n'appartient pas, selon la référente de la faction CDU/CSU, aux traditions des administrations de sécurité allemandes ; ces dernières ne souhaitant pas introduire ce type de pratiques

---

[1] Entretien le 15 février 2013, *Bundestag*, Berlin.
[2] Audition d'August Hanning devant la commission d'enquête du *Bundestag*, le 30 novembre 2012.

pourtant ancrées dans les services de renseignement d'autres démocraties, telles que les États-Unis. En limitant donc strictement le nombre d'agents inclus dans le processus de décision et donc les possibilités de générer un débat, une communication autour d'une affaire, l'on voit que les pratiques traditionnelles des services administratifs peuvent avoir un fort impact sur la capacité d'agents à coopérer et à mettre en œuvre des réponses apportées à l'extrémisme de droite.

Nous constatons en définitive que non seulement l'organisation institutionnelle des administrations répondant à l'extrémisme de droite, mais également, et par conséquent, les traditions qui se sont instaurées au sein de ces structures, ont une influence sur les capacités de coopération des agents. Il s'agit désormais de s'intéresser aux instruments mis en place depuis la prise de conscience générée par l'affaire NSU afin de renforcer la coordination pour pouvoir mettre en œuvre le plus effectivement possible les réponses que l'État formule à l'extrémisme de droite.

4. Objectifs et effets des nouveaux outils mis en place pour améliorer la coopération entre police et services de renseignement

Depuis que les agissements du groupe NSU ont été dévoilés, la société allemande, aussi bien que les instances politiques se sont emparées de ce sujet. Des premières réponses ont été formulées afin de parer au manque de coopération entre les administrations de sécurité. Ces nouveaux outils dont disposent désormais les administrations de sécurité ont été présentés dans la dernière partie du chapitre précédent. Nous allons désormais analyser leurs effets sur la communication entre les services de renseignement et ceux de la police. Mis en place depuis peu de temps, le bilan ne peut logiquement qu'être partiel, mais certaines observations peuvent déjà être faites.

Le GETZ, lieu de rencontre entre les services de sécurité répondant à l'extrémisme de droite, n'est pas une institution. Autrement dit, cette structure garde un caractère informel. Cette particularité a été soulignée, lors de notre terrain de recherche, par tous les interviewés, certains parlant de « *café de*

rencontre », d'autres de « *forum de coopération* ». Il est essentiel de comprendre pourquoi le choix effectué s'est tourné vers une telle structure informelle. Le président de la police du Brandebourg explique ce choix comme une volonté d'aller à contre-courant de l'habitude allemande, qui serait d'introduire « des appareils rigides » (« *Festes Apparat* »), à mettre en lien avec la tradition de l'État de droit allemand qui introduit une administration et des institutions strictement régies par la loi.
Tous les interlocuteurs questionnés sur ce sujet ont plaidé pour une structure plus flexible, permettant un dialogue facilité. Cet argument, bien qu'assez intuitif, ne semble pourtant pas répondre complètement à notre interrogation. Pourquoi une institution, juridiquement définie et fixe, ne pourrait-elle pas permettre la communication ? Une piste de réflexion est là encore apportée par le directeur de la police du Brandebourg qui souligne que, de manière à être sûr que les fonctionnaires des différentes administrations communiquent et coopèrent, le centre ne peut être rattaché à aucune institution. Le cas échéant, le lien de confiance entre les agents échangeant risquerait d'être mis en danger ou rompu en raison des intérêts que chaque administration devrait défendre si le GETZ était institutionnalisé. Pour cette raison, le GETZ semble être apprécié par une grande partie des représentants d'administration de sécurité rencontrés, soulignant les progrès effectués dans la communication entre les différents services sur la lutte contre l'extrémisme de droite. L'informalité permet donc un échange plus spontané, facilitant de fait la coopération entre les institutions. Nombre d'interviewés insistent à ce titre sur le caractère technique du GETZ, qui ne brasse aucun intérêt politique contrairement à la conférence des ministères de l'Intérieur (IMK), et permet ainsi une coopération non biaisée par la compétition politique.

Dans le cadre de notre démonstration, nous constatons donc que la nature de la structure choisie pour ce lieu de rencontre est déterminante afin que la coopération voulue entre les agents des différentes administrations soit possible et effective. L'élément structurel apparaît encore une fois déterminant afin de permettre une coopération entre les administrations. Plus largement, la structure semble grandement influencer la mise en œuvre effective des réponses apportées à l'extrémisme de droite.

Du côté de l'instrument technique mis en place afin de faciliter la communication des administrations de sécurité sur les réponses apportées à l'extrémisme de droite, le RED, on dispose d'ores et déjà de premiers retours d'expérience. Cet outil permet de fait un partage de données qui facilite la communication entre les services de renseignement et la police. Cependant, le directeur de la police criminelle de Berlin, souligne que le système RED, avec ses possibilités de cacher des informations (notamment pour les agents de la *Verfassungsschutz* lorsqu'ils jugent que certaines données revêtent un caractère très confidentiel) au sein même de ce système ne permet pas une transparence totale. Le système a certes été simplifié et automatisé, ce qui représente une avancée manifeste, mais certaines informations particulièrement sensibles demeurent encore cachées dans le système RED. Si l'accès à celles-ci se révèle nécessaire pour le travail d'enquête de la police, cette dernière doit demander l'information à la *Verfassungsschutz*. Le secret renforcé autour de certaines données est à mettre en lien avec la loi sur la protection des données privées, particulièrement protectrice en Allemagne. Il semblerait ainsi que le RED soit l'expression des difficiles conciliations imposées par le système de sécurité allemand : il faut en effet dans un premier temps assurer un flux d'informations ininterrompu entre deux administrations ne travaillant pas ensemble, et d'autre part assurer que la séparation de la police et de la *Verfassungsschutz* soit effective, tout en protégeant les données personnelles des individus.

La difficile combinaison de l'impératif de protection des données personnelles avec celui de la sécurité du territoire est illustrée par la récente polémique ayant abouti à une décision de la Cour Constitutionnelle de Karlsruhe sur la constitutionnalité de la base de données communes – entre la police et les services de renseignement – *Anti-Terror Datei* (ATD), qui est le pendant de RED, mis en place en 2007 suite aux attaques islamistes du 11 septembre et répertoriant les islamistes pouvant potentiellement attaquer l'Allemagne. La Cour, dans sa décision du 24 avril 2013, se prononce sur le système ATD (valant de fait pour le système RED) et déclare la plupart de ses dispositions conformes à la Constitution, tout en exigeant que quelques modifications soient toutefois apportées. Les données sur l'entourage des personnes suspectées d'avoir des activités anticonstitutionnelles devront désormais être sélectionnées de manière plus restrictive avant d'être enregistrées sur le système. La conclusion que nous tirons de cet arrêt est que la proportionnalité entre les libertés individuelles et la sécurité intérieure est considérée comme étant remplie pour Karlsruhe. Concernant le RED, il semblerait que ce système puisse permettre une meilleure coopération des administrations tout en étant conforme aux exigences constitutionnelles. Cependant, cet outil ne peut être une finalité selon le directeur de la police criminelle berlinoise[1]:

[Question] Trouvez-vous que le système RED soit utile, bien qu'il présente encore des restrictions en termes d'informations pour la police, qui ne facilitent pas son travail d'enquête ?

> « Naturellement, il est très utile ! Mais dans la pratique, ça se passe comme ça : j'ai un PC et un emploi du temps défini. J'ai un système informatique avec lequel je travaille au quotidien. Je dois travailler avec celui-ci et écrire mes rapports. Si maintenant, je dois voir si on a déjà enquêté sur un certain Monsieur Mayer, je reçois l'information par mon système informatique habituel en tapant son nom. Je vois si les autres polices allemandes ont déjà eu affaire à lui, je vois où il habite (on a un accès libre aux données de l'autorité d'enregistrement des lieux de résidence), s'il a une auto à Berlin (on a un accès à l'autorité d'enregistrement des véhicules), s'il a un dossier dans les administrations d'immigration... Bref, c'est très facile de recevoir des informations d'autres administrations depuis notre système informatique puisqu'il est lié à celui de ces administrations. Mais si maintenant je veux savoir s'il a été suspecté de mener des actions extrémistes, je dois m'enregistrer dans un tout autre système (RED) sur un autre ordinateur et taper son nom. C'est une interruption dans mon rythme de travail habituel. C'est toujours mauvais. Parce que dans le doute, l'agent de police peut se dire 'bof pas envie d'aller maintenant sur un autre ordinateur'. Alors toutes les choses qui

[1] Entretien le 6 mars 2013, siège de la police criminelle de Berlin, Berlin.

> n'appartiennent pas à mon rythme de travail habituel, qui alourdissent mon travail, je ne les fais pas dans des situations de doute, ou alors pas bien, ou alors pas toujours. C'est la raison pour laquelle je trouve super que l'on ait le GETZ pour communiquer ».

Le RED semble donc constituer une avancée dans la transmission des informations entre services de renseignement et police. Cependant, cet outil développé récemment pour améliorer la coopération entre administrations de sécurité semble avant tout constituer un complément à une coopération personnalisée entre les agents chargés de la lutte contre l'extrémisme de droite à travers le GETZ.

Ce chapitre a donc finalement mis en lumière l'impact que les éléments structurels fondateurs de l'architecture institutionnelle allemande exercent sur la coordination entre les différents services répondant à l'extrémisme de droite. Ces éléments structurels ont même participé, comme nous l'avons souligné, à des dysfonctionnements dans la mise en œuvre des réponses à l'extrémisme de droite. Les contraintes pesant sur les administrations de sécurité imposent donc une coopération accentuée entre les services de sécurité, qui s'est pourtant révélée ne pas toujours être effective. De nouveaux outils ont donc été introduits afin d'améliorer la coordination entre les agents. Cette évolution se fait sous la contrainte des décideurs politiques, en forçant les services administratifs concernés à se rencontrer et à coopérer grâce à de nouveaux instruments, afin de répondre aux extrémistes de droite de manière coordonnée, et donc plus efficace. Cependant, afin que les administrations de sécurité mettent correctement en œuvre les politiques publiques répondant à l'extrémisme de droite, selon les règles de droit, des mécanismes de contrôles existent. Le prochain point de notre analyse consistera par conséquent à nous interroger sur le rôle que le contrôle des administrations exerce sur la police et la *Verfassungsschutz*. Ces procédures n'auraient-elles finalement pas vocation à être les garantes du fonctionnement de l'architecture institutionnelle allemande ?

CHAPITRE 4

LE CONTRÔLE PARLEMENTAIRE, GARANT DE L'ARCHITECTURE INSTITUTIONNELLE DES ADMINISTRATIONS DE SÉCURITÉ

Nous nous sommes précédemment attachée à montrer que les éléments structurels fondateurs de l'architecture des administrations de sécurité allemandes avaient un impact fort sur la coopération entre les agents mettant en œuvre les réponses à l'extrémisme de droite, pouvant même générer des dysfonctionnements. Il s'agit désormais de s'intéresser aux mécanismes de contrôle existant sur ces administrations. Quel rôle jouent ces mécanismes de contrôle, consacrés par le droit public allemand, en pratique ? Remplissent-ils leur rôle de garants de l'architecture institutionnelle des administrations luttant contre l'extrémisme de droite ? Pour répondre à ces interrogations, nous nous intéresserons tout d'abord à la manière dont fonctionne le contrôle interne des administrations répondant à l'extrémisme de droite afin d'établir la place qu'il occupe au sein même des administrations de sécurité. Dans un deuxième temps, nous nous pencherons sur les mécanismes de contrôle provenant des institutions parlementaires, le *Bundestag* ainsi que les parlements régionaux. Enfin, nous évoquerons les limites de ce contrôle dans la pratique et un dernier point de notre démonstration consistera à mettre en lumière les pistes de réformes envisagées par l'État allemand afin de permettre un contrôle plus effectif des activités des services de renseignement.

1. Le contrôle hiérarchique : assurer la mise en œuvre selon les règles des réponses formulées par l'État à l'extrémisme de droite

Le contrôle interne vise notamment à permettre une mise en œuvre effective des mesures formulées contre l'extrémisme de droite : il n'émane cependant pas d'une seule personne mais suit une chaine hiérarchique précise. Nous examinerons donc dans un premier temps le contrôle effectué par les directeurs de service et plus exactement l'impact du contrôle exercé par les personnes encadrant les services sur la mise en œuvre des réponses apportées à l'extrémisme de droite. Puis nous évaluerons l'effet du contrôle du directeur de la *Verfassungsschutz* sur la mise en œuvre des réponses apportées par son administration à l'extrémisme de droite. Enfin, nous montrerons que l'exécutif, et à travers lui le ministre de l'Intérieur, dispose également de pouvoirs de contrôle venant fortement influencer la manière dont les agents répondent à l'extrémisme de droite. Les auditions au sein de la commission d'enquête du *Bundestag* aussi bien que le rapport du juge Schäfer soulignent que les difficultés rencontrées par les administrations se cristallisent autour des services de renseignement. Au cours de notre analyse, nous nous attacherons donc principalement à montrer en quoi le contrôle de cette administration spécifique présente un enjeu non négligeable dans le processus de mise en œuvre des réponses de l'État à l'extrême droite.

La première étape du contrôle des activités des agents s'effectue au niveau des services. Comme précisé ci-dessus, nous allons nous intéresser à sa mise en œuvre au sein des administrations des services de renseignement qui sont les plus exposées. Les services de toutes les *Verfassungsschutz* (régionales et fédérale) disposent d'un service consacré à l'observation des extrémistes de droite. À la tête de ce service se trouve un directeur administratif, chargé d'encadrer d'une part les fonctionnaires gérant les contacts avec les sources issues de la scène extrémiste, et d'autre part les agents analysant les données obtenues. Les missions de ce chef de service consistent à coordonner mais également à contrôler le travail effectué par les agents placés sous son autorité. Ainsi, lors de son audition, le directeur du service « Extrémisme de droite » de la *Verfassungsschutz* de Thuringe entre 1996 et 1999[1] a expliqué

[1] Audition de la 2de Commission d'Enquête du Parlement, 21 février 2013, *Bundestag*.

que son rôle consistait à encadrer le travail des agents en contact avec les sources, tout en vérifiant que les informations obtenues étaient réellement transmises aux agents s'occupant de l'analyse des données. Dans le cas présent, les fonctions d'encadrement et de contrôle se mêlent. Ces dernières apparaissent comme indispensables dans une administration où le travail est dominé par la notion de confidentialité. Le rôle du directeur de service est également déterminant car il se trouve au plus près du terrain, ce qui lui permet d'appréhender les évolutions des organisations extrémistes sur le territoire et d'éventuelles défaillances dans le travail des agents de son service. Son rôle charnière dans la ligne hiérarchique lui confère une place centrale dans les auditions qui se sont tenues au sein de la commission d'enquête du *Bundestag*. Effectivement, en termes d'encadrement du personnel, le chef de service est la personne pouvant rapporter des problèmes en termes de compétences, de besoins en formation à sa hiérarchie. D'autre part, les agents qui recueillent les informations provenant des sources et ceux qui les analysent ont également des missions de contrôle réciproques, comme le souligne le rapport Schäfer[1]. Effectivement, lorsque les services chargés de l'extrémisme de droite sont divisés en deux sections, l'une consacrée au recueil des informations et l'autre à l'analyse de ces dernières, deux personnes encadrent ces sections et effectuent de fait un contrôle réciproque (« *gegenseitige Kontrolle* ») permettant donc là aussi de repérer plus rapidement d'éventuels problèmes. En ce sens, les mécanismes de contrôle au sein des services chargés d'observer et d'évaluer l'extrémisme de droite permettent dans une certaine mesure de garantir l'effectivité de l'action des services de renseignement.

Le contrôle effectué par les services en charge de l'extrémisme de droite n'est toutefois pas suffisant et ne peut avoir un impact sur la stabilité de l'architecture institutionnelle qu'en lien avec les pouvoirs de contrôle du directeur de la *Verfassungsschutz*. Effectivement, le rôle du directeur des services de renseignement est également décisif. Il dispose de pouvoirs de contrôle extensifs sur les activités de son

[1] Rapport Schäfer, p. 186.

administration, puisqu'il fait l'interface entre le ministre et les services de renseignement. Il porte également la responsabilité des agissements de ses services devant les autres acteurs de la sécurité intérieure, en particulier les forces de police. À ce titre, il est donc important que la communication entre les différents échelons hiérarchiques au sein de la *Verfassungsschutz* soit effective, afin que le représentant de l'institution soit en mesure de rapporter les éventuels problèmes rencontrés par son administration. Une des missions du directeur général est donc d'être en mesure de contrôler ce que font ses agents, et par conséquent d'avoir connaissance des problèmes qu'ils rencontrent dans la mise en œuvre des réponses étatiques à l'extrémisme de droite afin de pouvoir réorienter l'action des services le cas échéant. La directrice de la *Verfassungsschutz* du Brandebourg[1] explique ainsi la manière dont elle a usé de son pouvoir de contrôle lors de son arrivée à la tête de ce service.

> « Le contrôle a été renforcé, car les services de renseignement sortaient, lors de mon arrivée, d'un scandale impliquant la gestion des sources de la Verfassungsschutz[2]. Elle s'est depuis nettement améliorée. Le contrôle s'est intensifié. Il y a désormais plus de documentation produite et donc analysée : nous effectuons pour chaque source une analyse du danger potentiel qu'elle représente chaque année. Le risque généré du fait de notre coopération avec la source est évalué. Quels sont les risques ? Quelles connaissances la source nous apporte-t-elle ? Quel est son caractère ? Dans quel groupuscule est-elle active ? Tout cela est évalué, puis noté. Nous pouvons alors voir si les risques présentés sont supérieurs aux intérêts que la source représente en termes d'informations fournies. Si les risques sont dominants, nous stoppons alors nos activités avec la source avec qui nous ne voulons plus rien avoir à faire. Si l'utilité de cette dernière est élevée, alors, nous prenons en compte le risque qu'elle présente et veillons à ce que les risques soient désamorcés grâce à des mesures d'accompagnement. Chacune de ces analyses est effectuée et

---

[1] Entretien le 20 février 2013, ministère de l'Intérieur du Brandebourg, Potsdam.

[2] En 2005, la *Verfassungsschutz* du Brandebourg sort d'un scandale impliquant la direction précédente ayant engagé une source qui poursuivait un commerce de CD à contenus néonazis, ce qui est pourtant interdit par les règles régissant la collaboration des autorités de sécurité avec des sources.

documentée tous les ans ; et elle est contrôlée par la hiérarchie. À la fin de ce processus, je prends connaissance des dossiers et décide si l'on continue ou non de travailler avec la source. »

Cet extrait montre que le directeur des services de renseignement use de son pouvoir de contrôle afin de donner une orientation aux fonctionnaires sous sa direction, qui influencera fortement la manière dont les services de renseignement agiront contre l'extrémisme de droite.

Enfin, les directeurs des services de renseignement et de la police sont également les personnes présentes dans les lieux de rencontre comme le GETZ, permettant la coordination entre les différentes administrations chargées de la lutte contre l'extrémisme de droite en Allemagne. Leur position de coordinateur justifie l'usage de leur pouvoir de contrôle sur les activités des services dont ils sont responsables. Cela permet la coordination entre les administrations et assure ainsi la stabilité et le fonctionnement de l'architecture institutionnelle garantissant la sécurité intérieure contre toute déstabilisation provenant d'extrémistes de droite.

Le contrôle de l'exécutif et de la justice

Chaque administration chargée de répondre à l'extrémisme de droite est soumise à l'autorité d'un ministre de l'Intérieur, y compris au sein des Länder, qui se trouve au sommet de la hiérarchie administrative. Les services de renseignement tout comme la police se doivent donc de travailler sous son autorité et de rapporter leurs activités auprès des services du ministre. Ainsi, le haut-fonctionnaire du ministère de l'Intérieur fédéral[1] rencontré, et travaillant en étroite collaboration avec le ministre, souligne la manière dont le ministre et ses services travaillent en lien avec les administrations de police et de renseignement.

[Question] Quel accès avez-vous aux informations provenant des administrations que vous dirigez ?

[1] Entretien le 5 mars 2013, ministère fédéral de l'Intérieur, Berlin.

« Nous en avons beaucoup ! La police criminelle fédérale et les services de renseignement fédéraux nous disent tout. Nous sommes les chefs. Ils ont donc l'obligation de tout nous rapporter. Je leur écris et dis que je veux savoir combien d'indicateurs les services de renseignement fédéraux ont au sein du NPD. Il ne peut y avoir de secrets. »

[Question] Donc vous contrôlez le travail effectué. Mais y a-t-il également des communications dans l'autre sens ? Envoyez-vous des directives ou des décrets ?

« Naturellement ! La police criminelle et la Verfassungsschutz sont des administrations subalternes, elles reçoivent bien évidemment des décrets de notre part. Faites-ci, faites-le comme ça, faites-le différemment... Dans tous les domaines (protection des données privées, emploi du nombre d'agents, etc.), nous faisons tout. Nous pilotons ces administrations. »

Le rapport hiérarchique entre l'administration centrale du ministère de l'Intérieur et la *Verfassungsschutz* fédérale ou la police criminelle est enfin illustré par la possibilité pour le Ministère, dans des situations d'urgence, de s'arroger un droit d'entrée[1] et ainsi d'assumer provisoirement lui-même les prérogatives de ces administrations.

Au niveau régional, le président de la police du Brandebourg[2] explique que la police régionale n'est pas indépendante. Dans le cas de ses services, une nouvelle structure organisationnelle a été mise en place en 2009-2010[3], et le ministère a dirigé cette réforme structurelle permettant la réduction du nombre d'agents de police en raison d'importantes restrictions budgétaires au sein de la région du Brandebourg[4]. De même, concernant plus particulièrement le concept-cadre de la lutte contre l'extrémisme de droite, sa définition a été établie en étroite collaboration avec le ministère de l'Intérieur et les

---

[1] Hermann Borgs-Maciejewski, *Was jeder vom Verfassungsschutz wissen sollte.* Heidelberg : Decker & Müller, 1988, p. 134.
[2] Entretien le 7 mars 2013, siège de la police du Brandebourg, Potsdam.
[3] Passant d'une architecture marquée par des autorités intermédiaires (*Mittelbehörde*) à une architecture pyramidale (*mehrstufiger Ausbau*).
[4] 7000 emplois en moins planifiés d'ici 2020, premier volet de la réforme *Polizei Brandenburg 2020.*

services de police. Cependant, il insiste sur le fait que le contrôle effectif du travail de la police est plutôt effectué par le parquet lors des enquêtes menées, puis par les tribunaux lorsqu'ils rendent leurs décisions. Le chef de la police criminelle de Berlin[1] a d'ailleurs détaillé le processus d'enquête et le rôle du parquet comme suit :

> « Quand un délit a lieu, alors la police commence à enquêter. Lors de la durée de l'enquête, le parquet enclenche la procédure. Pour toutes les mesures prises durant une enquête (perquisition, arrestations...), nous avons besoin de l'accord du parquet qui examine ce que l'on fait. Le tribunal est toujours en arrière-plan. Dès que nous menons une enquête, nous nous devons de requérir auprès du parquet un arrêt du tribunal. C'est ainsi que se déroule une enquête. Le moment où la police commence à enquêter dépend de la provenance de l'information qui lui permet de déclencher l'enquête. La grande majorité des informations que nous obtenons proviennent des citoyens. Et nous avons alors l'obligation de mener une enquête. »

Dans le cas de la police, une large partie du contrôle effectué sur les enquêtes touchant des extrémistes de droite est exercé par les institutions judiciaires en plus du contrôle du ministère. Ce mécanisme a pour but d'assurer au modèle institutionnel une stabilité permettant d'observer et d'appréhender les extrémistes sur le territoire allemand tout en respectant les règles de l'État de droit.

Pour conclure, les mécanismes de contrôle hiérarchiques que nous venons de présenter ont été mis en place afin d'assurer un fonctionnement optimal de l'architecture des administrations chargées de lutter contre l'extrémisme de droite. Ils sont de ce fait ancrés dans le droit public allemand qui règle la manière dont le contrôle est effectué. En pratique, ces procédures peuvent permettre de déceler rapidement d'éventuelles défaillances personnelles. Cependant, l'actualité, à travers le cas de la cellule terroriste NSU, a montré que le contrôle interne

[1] Entretien le 6 mars 2013, siège de la police criminelle, Berlin.

peut être inopérant[1] et ainsi mener à une mise en place ineffective des réponses apportées par les forces de sécurité à l'extrémisme de droite en Allemagne.

2. Le contrôle parlementaire : un rôle de garant du fonctionnement de l'architecture des administrations de sécurité chargées de répondre à l'extrémisme de droite

Nous l'avons vu précédemment, les administrations de sécurité chargées de lutter contre l'extrémisme de droite en Allemagne mènent un travail souvent confidentiel, particulièrement les *Verfassungsschutz* qui ont des activités d'observation devant rester secrètes, en application notamment de la législation sur la protection des données personnelles. De ce fait, le rôle du Parlement est d'assurer aux citoyens que ces administrations respectent tout de même les règles instaurées par l'État de droit. Le Parlement dispose donc de pouvoirs de contrôle étendus sur les activités des administrations de sécurité, au sein du *Bundestag* aussi bien qu'au sein des parlements régionaux. Il est de fait important de comprendre le rôle que les parlements ont à jouer dans la régulation des activités des administrations de sécurité répondant à l'extrémisme de droite. Pour ce faire, nous allons tout d'abord présenter le rôle des différentes commissions parlementaires contrôlant les activités des administrations de sécurité, en montrant leur impact sur les pratiques administratives. Nous nous intéresserons ensuite aux limites du contrôle parlementaire et aux possibilités envisagées pour le rendre plus prompt à assurer la stabilité de l'architecture institutionnelle des administrations de sécurité.

Ces commissions sont introduites respectivement à l'échelon régional et fédéral. La commission de contrôle parlementaire[2] (PKK) existe dans les 16 régions et réunit des élus des Länder, choisis pour siéger au sein de cette commission, généralement

---

[1] Le rapport du juge Schäfer montre en effet dans son paragraphe 342 (p. 199) que le travail nécessaire d'analyse des données n'a pas été effectué et que les supérieurs hiérarchiques n'ont pas utilisé leurs fonctions de contrôle.

[2] En allemand, *Parlamentarische Kontrollkommission.*

selon la répartition partisane de l'assemblée[1]. Le comité de contrôle parlementaire[2] (PKGr) siège au *Bundestag* et est composé de députés fédéraux également désignés pour siéger durant la durée de la législature. La répartition est aussi en pratique proportionnelle au nombre de sièges dont dispose chaque faction dans l'hémicycle[3]. L'objet principal de ces 17 commissions est de contrôler les activités des services de renseignement. À ce titre, les PKK régionales se concentrent sur les activités de la *Verfassungsschutz* de leur Land seulement, tandis que la PKGr du parlement fédéral, en plus de contrôler l'office fédéral de la *Verfassungsschutz*, doit également contrôler le MAD (service de renseignement militaire) ainsi que le service du renseignement extérieur. Dans ce développement, nous allons néanmoins nous concentrer sur le contrôle des *Verfassungsschutz*, c'est-à-dire sur les autorités observant les extrémistes de droite sur le territoire allemand. Ces commissions sont chargées de vérifier que les services de renseignement remplissent les missions qui leur sont confiées ainsi que l'opportunité et la légalité de leurs activités[4]. Plus concrètement, ces commissions ont pour but de contrôler la concordance entre les dispositions prévues par la loi et les activités que les services de renseignement mènent effectivement. La PKGr est obligée par la loi[5] de se réunir quatre fois par an. Cependant, un référent du parti libéral au parlement fédéral[6], le FDP, nous a indiqué que les séances de la PKGr étaient mensuelles. Dans les Länder, chaque loi dispose de la périodicité des sessions. À titre d'exemple, le Land de

[1] Dans le Land de Saxe, la PKK est par exemple composée de 5 membres : deux élus de la CDU (1re force politique), deux élus de Die Linke (2de force politique) et un élu libéral du FDP (4e force politique sous la précédente mandature).

[2] En allemand, *Parlamentarisches Kontrollgremium.*

[3] Sous la législature actuelle, la répartition des neuf sièges de la PKGr se fait comme suit : quatre sièges pour la CDU/CSU, deux sièges pour le SPD, un siège pour Die Linke et un siège pour les Verts.

[4] « Durch Prüfung der Zweck- und Rechtmäßigkeit nachrichtendienstlichen Handelns achtet das Gremium auf die Erfüllung des gesetzlichen Auftrages dieser Sicherheitsbehörden », Compte-rendu d'activité de la PKGr, 2009, p. 3.

[5] Loi régissant la PKGr, article 3.

[6] Entretien le 27 février 2013, *Bundestag*, Berlin.

Saxe prévoit dans sa loi sur la *Verfassungsschutz* que la PKK se réunit deux fois par an. Là encore, une élue de *Die Linke* au parlement de Saxe et siégeant à la PKK[1], parle de séances tous les deux mois en pratique. Afin de remplir leurs missions, les commissions peuvent exiger du gouvernement et des services de renseignement leurs dossiers ou tout autre document écrit, mais également toute donnée enregistrée sur un système informatique (NADIS, RED). Si la commission réunit 2/3 des membres, après l'audition du gouvernement, elle peut charger un expert de mener une enquête au sein des services de renseignement[2]. Le gouvernement est à ce titre obligé de rapporter de toutes les activités des services de renseignement devant la commission de contrôle, en portant la responsabilité de ses actes. Cependant, des fonctionnaires des services de renseignement peuvent également être auditionnés par la commission de contrôle, ce qui les oblige à se justifier sur les décisions qu'ils ont prises. Au vu de leurs activités, il semble finalement raisonnable d'affirmer que ces commissions ont un rôle de régulation permettant d'assurer au système institutionnel un fonctionnement fluide. Les activités confidentielles des services de renseignement et de l'exécutif dont ils dépendent sont contrôlées par les autorités législatives, jouissant d'une indépendance assurant aux citoyens le respect du droit.

Au-delà des commissions de contrôle de la *Verfassungsschutz*, existent également dans chaque Land et à l'échelon fédéral les commissions des affaires intérieures (*Innenausschuss*) qui élaborent la législation dans ce domaine. À l'échelon fédéral, la commission intérieure englobe des domaines larges comme la sécurité intérieure, les migrations et l'intégration, la protection civile, la protection des données personnelles, la sécurité numérique ou la modernisation de l'administration fédérale. Les compétences des commissions pour les affaires intérieures sont assez similaires à l'échelon des Länder, bien qu'elles incluent très souvent les affaires communales à leur domaine de compétences[3]. Les services de

---

[1] Entretien le 14 février 2013, Parlement de Saxe, Dresde.

[2] Article 7 de la loi régissant les activités de la PKGr.

[3] Les domaines rattachés à l'*Innenausschuss* varient cependant d'une région à une autre. Par exemple, la Saxe inclut les affaires communales à

renseignement sont également inclus dans les compétences de l'*Innenausschuss*, cette administration est donc doublement contrôlée, phénomène unique au sein des institutions de contrôle[1]. Mais le champ de la sécurité intérieure, incluant donc les activités de la police, dépend toujours et seulement de la commission des affaires intérieures. À ce titre, la police est, tout comme la *Verfassungsschutz*, contrôlée par les parlementaires. Par exemple, la commission intérieure du Land de Berlin a examiné durant l'année 2013 la gestion des indicateurs par la police criminelle berlinoise dans l'affaire NSU[2]. Le directeur de la police criminelle de Berlin[3] s'exprime ainsi sur le contrôle parlementaire auquel se soumet son administration :

> « Les commissions du Parlement de la ville État de Berlin se réunissent régulièrement, nous dépendons de la commission des affaires intérieures. Ce sont des élus qui y siègent et qui contrôlent les activités de la police, tous les quinze jours. Ils ne peuvent naturellement pas tout contrôler à chaque fois. Mais lorsque quelque chose se produit, il est extrêmement important pour la commission parlementaire d'être en mesure de comprendre ce qui s'est produit, et comment cela a été possible. Que fait l'administration ? Y a-t-il des défaillances ponctuelles ? Faut-il changer quelque chose ? »

La police et la *Verfassungsschutz* se soumettent donc toutes deux à un contrôle externe effectué par le Parlement, qui est ainsi l'un des garants du fonctionnement de l'architecture institutionnelle des administrations de sécurité.

Une troisième forme de contrôle parlementaire existe : la commission d'enquête fédérale. Dans le cadre des agissements du NSU, une commission d'enquête a été mise en place le 24 janvier 2012 par les élus du *Bundestag*[4]. Elle a rendu son

---

l'*Innenausschuss* tandis que la NRW a une commission consacrée aux affaires communales exclusivement.

[1] Hermann Borgs-Maciejewski, *Was jeder vom Verfassungsschutz wissen sollte*. Heidelberg : Decker & Müller, 1988, p. 137.

[2] En attestent les comptes rendus de séance, disponibles sur la page de l'*Innenausschuss* du Parlement de Berlin.

[3] Entretien le 6 mars 2013, siège de la police criminelle, Berlin.

[4] Article 44 de la Loi Fondamentale : « Le Bundestag a le droit et, à la demande d'un quart de ses membres, l'obligation de constituer une commission d'enquête ».

rapport final le 22 août 2013. Celle-ci était chargée d'enquêter sur les aspects suivants de l'affaire NSU : fournir un aperçu général sur le trio formant le NSU et les informations dont disposaient les administrations de sécurité jusqu'au 8 novembre 2011, éclaircir les erreurs ou défaillances des administrations fédérales et régionales, expliciter le rôle des indicateurs dans le développement du NSU et le rôle des personnes ayant soutenu le NSU dans ses agissements, mettre en évidence d'éventuelles destructions de preuves par les administrations de sécurité qui auraient pu aider à l'enquête. Elle est également chargée de s'exprimer sur la pertinence de l'architecture des administrations de sécurité et enfin sur la lutte contre l'extrémisme de droite violent telle qu'elle est menée par l'État allemand[1]. Il s'agit donc d'un troisième mécanisme de contrôle, qui arrive *a posteriori*, contrairement aux mécanismes de contrôle exposés précédemment. Pour remplir les objectifs qui lui sont officiellement attribués et qui ont une valeur contraignante, la commission d'enquête dispose de pouvoirs étendus, garantis par l'article 44 de la Constitution, imposant aux « tribunaux et autorités administratives (...) l'entraide judiciaire et administrative ». Selon la loi régissant les commissions d'enquête fédérales[2], les « témoins sont obligés de se présenter sur invitation de la commission d'enquête[3] ». En cas d'absence, ils peuvent se voir « infligés une amende d'un montant pouvant aller jusqu'à 10 000 euros et contraints à une comparution forcée[4] ». Lors de l'audition, le témoin se voit rappeler ses droits et doit jurer de ne dire que la vérité. Il est soumis au droit de la procédure pénale, ce qui signifie notamment qu'en cas de refus de répondre à des questions ayant trait à l'objet de la commission d'enquête, le témoin peut être condamné à une amende, et sous certaines conditions, être mis en détention[5]. Les pouvoirs de contrôle et de coercition des

[1] Bundestag, *Antrag zur Einsetzung eines Untersuchungsausschusses,* Janvier 2012.
[2] Gesetz zur Regelung des Rechts der Untersuchungsausschüsse des Deutschen Bundestages, 2001.
[3] *Ibid.* Article 20.
[4] *Ibid.* Article 21.
[5] *Ibid.* Article 27.

commissions d'enquête parlementaires sont donc particulièrement étendus, similaires à ceux d'un tribunal, donnant ainsi aux élus la possibilité de fournir aux citoyens[1] des réponses sur le fonctionnement [en l'occurrence] des administrations de sécurité. À noter enfin que les parlements régionaux disposent de prérogatives analogues : les Länder de Thuringe, de Bavière, de Rhénanie-du-Nord-Westphalie et de Saxe ont donc eux aussi mis en place des commissions d'enquête, chargées de porter un éclairage sur le rôle des administrations régionales dans l'affaire NSU.

Enfin, le quatrième mécanisme de contrôle parlementaire est la commission G-10. Tout d'abord, cette commission trouve ses origines dans la Loi Fondamentale, qui prévoit sa constitution à l'article 10[2]. Les commissions G-10 existent aussi bien à l'échelon fédéral qu'à celui des Länder et ses membres sont nommés par les membres de la PKGr (ou des PKK à l'échelon régional)[3]. La particularité principale de cette commission est qu'elle se situe au croisement des fonctions parlementaires, exécutives et judiciaires[4]. Effectivement, les membres de la commission G-10, au *Bundestag* comme dans les parlements régionaux, ne sont pas nécessairement des élus de ces assemblées comme l'a entériné la Cour constitutionnelle : « La commission G-10 peut être formée au sein et hors du Parlement »[5]. Par ailleurs, cette commission a une mission de « protection juridique vis-à-vis des mesures prises par des institutions dépendant de l'exécutif [ici, mesures de surveillance

---

[1] *Ibid.*, Article 33, la commission a, une fois ses missions remplies, l'obligation de produire un rapport écrit au *Bundestag* portant sur l'objet de l'enquête et ses résultats.

[2] Le paragraphe 2 de l'article 10 dispose en effet que « si la restriction est destinée à défendre l'ordre constitutionnel libéral et démocratique, ou l'existence ou la sécurité de la Fédération ou d'un Land, la loi peut disposer que l'intéressé n'en sera pas informé et que le recours juridictionnel est remplacé par le contrôle d'organes et d'organes auxiliaires désignés par la représentation du peuple ».

[3] Article 15 de la loi sur les restrictions de la confidentialité des correspondances postales et téléphoniques (*Gesetz zur Beschränkung des Brief-, Post- und Fernmeldungsgeheimnisses*).

[4] Christoph Gusy, *Grundrechte und Verfassungsschutz*. Wiesbaden : VS Verlag, 2011, 1ère édition, p. 16.

[5] BVerfGE 30, 1, décision de la Cour Constitutionnelle, 15 décembre 1970.

déployées par la *Verfassungsschutz*], exceptionnellement sans intervention de la justice [ce qui est le cas pour l'introduction de moyens de surveillance par la *Verfassungsschutz*][1] », ce qui ne relève pas de la prérogative parlementaire seulement, mais du contrôle judiciaire. Pourtant, la commission G-10 ne mène pas pour autant un contrôle strictement judiciaire puisqu'elle ne dépend pas d'un tribunal mais bien d'un parlement. Enfin, elle ne constitue pas un contrôle exécutif en ce qu'elle ne fait pas partie de l'ordre exécutif, mais travaille pourtant en étroite collaboration avec celui-ci. Il s'agit donc finalement d'un organe *sui generis*[2] qui dispose du droit d'information, du droit de regard et d'un droit d'entrée sur les décisions prises par les administrations contrôlées[3]. La commission G-10 reste indépendante de l'exécutif, et n'est par conséquent pas soumise à ses circulaires et instructions. Elle porte enfin la responsabilité de ses décisions dans le domaine de la sécurité et ne se soumet donc à la surveillance d'aucune autre institution. Sa compétence principale est d'une part de contrôler l'utilisation des mesures de surveillance par les services de renseignement avant et pendant la durée de la procédure et, d'autre part, de contrôler l'utilisation des données recueillies par ce biais, mais *a posteriori* seulement. La spécificité de cette commission réside donc non seulement dans son indépendance totale, mais également en ce qu'elle concoure – et n'assure donc pas qu'une mission de contrôle – aux décisions des *Verfassungsschutz* dans l'emploi des moyens de surveillance, tout en respectant les exigences juridiques sur la protection des correspondances (Article 10 de la Loi Fondamentale).

Finalement, l'ensemble de ces mécanismes de contrôle, donnés au Parlement et à la commission G-10 sur les activités des administrations de sécurité et de l'exécutif, assure au peuple allemand une séparation des pouvoirs claire, constitutive de l'État de droit allemand, dans laquelle le Parlement contrôle, de

[1] *Ibid.*

[2] Christoph Gusy, *Grundrechte und Verfassungsschutz*. Wiesbaden : VS Verlag, 2011, 1re édition, p. 19.

[3] Article 15 de la loi sur les restrictions de la confidentialité des correspondances postales et téléphoniques (*Gesetz zur Beschränkung des Brief-, Post- und Fernmeldungsgeheimnisses*).

façon indépendante, la légalité des agissements de l'exécutif et de ses administrations. Ces mécanismes agissent enfin en garant de la mise en œuvre, selon le droit, des réponses apportées aux extrémismes par les administrations de sécurité.

Des limites au contrôle parlementaire observées dans la pratique

Malgré l'intérêt des différents mécanismes de contrôle en place, des limites ont été mises en lumière, particulièrement après l'affaire NSU qui a eu un effet révélateur. Au cours du terrain d'enquête effectué, différents élus ou collaborateurs de groupe ont souligné le manque de temps dont disposent, en pratique, les élus pour assumer leurs fonctions au sein des commissions de contrôle (PKK et PKGr). À titre d'exemple, un élu CDU du parlement de Saxe[1] s'exprime ainsi sur le travail des élus en PKK :

> « Il faut augmenter l'intensité du travail de la PKK et trouver un équilibre. Il est en tout cas nécessaire qu'elle fasse plus que lire le rapport que la Verfassungsschutz a établi pour elle. Il faut en effet qu'elle questionne des détails. Or, dans le passé, [avant que l'affaire NSU n'éclate] de nombreux parlementaires en ont trop peu fait, parce qu'ils avaient d'autres choses à faire dans le cadre de leur mandat. C'était une sorte de variable d'ajustement. »

Du côté du parlement fédéral, le constat est le même pour l'ex-conseiller du groupe FDP sur les questions intérieures et spécialiste des services de renseignement[2] :

> « Les informations que nous obtenons, depuis le début du travail de la commission d'enquête NSU, mais aussi celles de nos députés siégeant au sein de la PKGr, montrent qu'à notre avis, le contrôle parlementaire sur les services de renseignement n'est que très superficiel. Celui-ci est conforme à la loi mais quand on prête attention au nombre de rendez-vous des députés pour cette commission, au temps des rencontres - 2 ou 3 heures par mois - on voit bien qu'il est difficile d'aller dans le détail du travail d'administrations

[1] Entretien le 25 février 2013, Parlement de Saxe, Dresde.
[2] Entretien le 27 février 2013, *Bundestag*, Berlin.

employant 10 000 personnes [Verfassungsschutz, MAD et BND[1]]. Donc un véritable éclairage, qui soit structurel, du travail des services de renseignement n'est pas garanti par la PKGr. »

Dès lors, il semblerait que l'existence d'une commission de contrôle ne soit pas suffisante pour assurer l'effectivité du contrôle sur le travail des administrations de sécurité ; le temps limité des députés semblant être l'élément majeur empêchant un contrôle plus approfondi.

Cependant, l'entretien mené avec une élue de *Die Linke* au parlement de Saxe et membre de la PKK[2] suggère d'autres difficultés auxquelles cette commission est confrontée :

> « Je n'ai pas le droit de raconter ce que je sais de cette commission car c'est secret. On ne doit rien dire, on ne doit pas prendre de notes... enfin, les notes prises durant la séance vont dans un sac qui est scellé et mis dans un coffre-fort jusqu'à la prochaine réunion. À la séance suivante, je reçois de nouveau mes documents. Il n'est donc pas possible de travailler à partir des notes prises. (...) Un autre problème est le matériel que la Verfassungsschutz fournit. Je n'ai aucun moyen de contrôler si tous les documents sont devant moi. Je dois croire l'administration les yeux fermés. Alors dans ce cadre, il est particulièrement compliqué de poser des questions ciblées. Je n'appelle pas ça du contrôle. Le contrôle parlementaire de cette administration est ancré dans la législation, mais on ne nous donne pas les moyens de l'effectuer correctement. »

Cette assertion suggère que le contrôle parlementaire est compliqué par la procédure permettant de protéger le contenu confidentiel des données traitées, empêchant de facto un travail approfondi par les membres des PKK et du PKGr. Le soutien apporté aux élus par leurs collaborateurs est également limité par la contrainte de confidentialité. À ce propos, un collaborateur du groupe du SPD au *Bundestag* et spécialiste des questions intérieures s'exprimait ainsi lors de notre rencontre[3] :

---

[1] Pour rappel, le MAD est le service de renseignement militaire et le BND est le service fédéral du renseignement extérieur.

[2] Entretien le 14 février 2013, Parlement régional de Saxe, Dresde.

[3] Entretien téléphonique le 22 mars 2013.

[Question] Est-ce que les collaborateurs des députés peuvent également assister aux séances de la PKGr ?

> « Il existe des règles, certains peuvent lire une partie des documents, mais c'est très limité et ils ne peuvent en aucun cas assister aux séances de la PKGr. »

Ce témoignage provenant de l'échelon fédéral est directement à relier aux propos de l'élue saxonne de *Die Linke* siégeant à la PKK de son Land, puisqu'il souligne les restrictions d'accès aux commissions de contrôle pour les collaborateurs d'élus, ce qui semble rendre encore plus difficile le travail des députés y siégeant. Enfin, le référent du groupe FDP au *Bundestag*[1] reconnaît que dans le cadre du NSU,

> « les membres de la PKGr n'étaient pas au courant de nombreuses choses ; ils n'avaient pas connaissance des déficits existant au sein de l'administration qu'ils contrôlaient. (...) Il s'agit de faits très précis, comme l'importance de l'utilisation des sources, ou la qualité des règlements de service. Avec un contrôle intensif, on aurait dû le savoir. »

Ces extraits illustrent bien les causes des difficultés rencontrées par les élus siégeant dans les PKK et le PKGr au cours du contrôle parlementaire. La commission de contrôle ne semble donc finalement obtenir qu'une image partielle du travail de l'administration, ce qui se traduit en pratique par une portée limitée du contrôle parlementaire, tel qu'il a été mené jusqu'à présent, sur l'architecture institutionnelle.

Le contrôle parlementaire allemand est, selon les mots de l'élue saxonne de *Die Linke*[2], ancré grâce à la loi. Cependant, nous venons de montrer qu'il avait été peu utile au cours de l'affaire NSU. Nous ne chercherons ici pas à savoir si d'autres pratiques de contrôle auraient permis d'éviter le développement du trio terroriste. Il est en revanche intéressant de se pencher sur les effets de la révélation de l'existence du groupe NSU sur le contrôle *a posteriori*, et la façon dont ce dernier pourrait avoir un impact sur le fonctionnement des administrations de sécurité répondant à l'extrémisme de droite. Effectivement, de nombreux

---

[1] Entretien le 27 février 2013, *Bundestag*, Berlin.
[2] Entretien le 14 février 2013, Parlement régional de Saxe, Dresde.

groupes d'experts ont été constitués suite au dévoilement de l'existence d'un groupe terroriste d'extrême droite en Allemagne, donnant lieu à des rapports, à l'image du rapport du juge Schäfer ou du rapport d'évaluation fourni par un groupe d'experts saxons[1]. Ceux-ci formulent des préconisations après avoir contrôlé en profondeur la structure et la manière de travailler des *Verfassungsschutz.* Les pistes suggérées introduisent des changements tels que la rotation des employés ne devant pas faire leur carrière entière au sein de cette institution, ou encore l'embauche d'agents issus de catégories hiérarchiques supérieures. Ces pistes sont destinées à agir avant tout sur le fonctionnement interne des services. Mais d'autres préconisations ciblent le fonctionnement des administrations de sécurité en proposant la nomination par les parlements régionaux d'une personne chargée des affaires touchant à la *Verfassungsschutz* et qui serait investie d'une fonction de support à la PKK de par ses connaissances approfondies sur le fonctionnement des services de renseignement. L'intérêt de ce contrôle *a posteriori*, effectué par les groupes d'experts et les commissions d'enquête, est de remettre en question la manière dont les administrations de sécurité sont contrôlées en pratique. Le futur montrera si les préconisations seront mises en œuvre, et le cas échéant, l'impact qu'elles auront sur la mise en place des réponses de l'État à l'extrémisme de droite par les administrations. D'autres enjeux restent ouverts dans le domaine du contrôle, en particulier celui de la structure informelle qu'est le GETZ. S'il est encore difficile de prévoir son évolution en raison du manque de recul dont nous disposons, il est toutefois raisonnable de se demander si les instances de contrôle auront la possibilité de contrôler ce qu'il s'y passe.

Les mécanismes de contrôle étudiés dans ce chapitre ont été mis en place afin d'assurer le fonctionnement fluide des administrations de sécurité. C'est également une manière d'assurer aux citoyens allemands un contrepoids à des institutions ayant des pouvoirs d'intrusion dans la vie privée des

---

[1] Schäfer Bericht, 14 mai 2012. Bericht über die Untersuchung und Evaluierung der Arbeitsabläufe und -strukturen des Landesamtes für Verfassungsschutz Sachsen unter besonderer Betrachtung der Ereignisse im Zusammenhang mit dem NSU, 20 février 2013.

citoyens. En raison du lourd souvenir du passé nazi de l'Allemagne, qui a façonné les institutions d'après-guerre, ces mécanismes de contrôles indépendants de l'exécutif apparaissent en outre comme un garant des libertés individuelles. Cependant, la pratique a montré que les instances de contrôle n'ont pas rempli toutes leurs fonctions de garants de la bonne mise en œuvre des politiques publiques de sécurité répondant à l'extrémisme de droite : ainsi, le contrôle interne n'a pas été, en Thuringe, effectif, ce qui a désormais été montré par le rapport du juge Schäfer et plus récemment par le rapport final de la commission d'enquête du *Bundestag*. Les mécanismes de contrôle dédiés au Parlement n'ont pas non plus été en mesure d'être menés de manière effective, les élus manquant de temps et de l'aide de leurs collaborateurs n'ayant pas accès aux données confidentielles de la PKK/PKGr. On se trouve donc face à un paradoxe, avec un système institutionnel ayant mis en place des mécanismes de contrôle indépendants, censés être les garants du fonctionnement effectif de l'architecture des administrations répondant à l'extrémisme de droite, qui n'ont pourtant en pratique qu'une portée limitée. Il sera à ce titre intéressant de voir dans les prochaines années si les réformes envisagées permettront aux mécanismes de contrôle de retrouver leur statut de garant du fonctionnement effectif de l'architecture institutionnelle des administrations de sécurité.

CHAPITRE 5

L'ARCHITECTURE INSTITUTIONNELLE DES ADMINISTRATIONS DE SÉCURITÉ : ENTRE INERTIE ET FLEXIBILITÉ

Si le procès de la cellule terroriste NSU a relancé la question de la place de l'extrémisme de droite en Allemagne, il s'est également accompagné d'un débat sur l'efficacité et l'organisation des administrations en charge de lutter contre ce phénomène. Les méthodes de travail, les outils mis à disposition des agents aussi bien que le contrôle auquel les administrations de sécurité sont soumises font depuis 2012 l'objet d'un examen afin d'être révisés et adaptés. Un des débats principaux porte sur l'opportunité de continuer à collaborer avec les *V-Leute* (les « indicateurs » issus de la scène extrémiste), question sur laquelle la commission fédérale G-10 se penche également chaque année. Les commissions d'enquête sur le NSU tendent en effet à montrer que la gestion par l'administration des *V-Leute* est complexe, sans que l'on soit certain de la fiabilité totale de leurs sources[1], alors même que l'État allemand les rémunère pour les renseignements obtenus[2]. Les changements organisationnels, qui sont actuellement envisagés, doivent nous conduire à nous interroger sur la capacité d'adaptation des administrations à ces évolutions qui affectent l'organisation des services et, partant, les pratiques quotidiennes des fonctionnaires.

Pour ce faire, nous nous intéresserons tout d'abord à la force d'inertie des administrations de sécurité en démontrant qu'elles peuvent représenter un frein à l'évolution des pratiques dans la mise en œuvre des réponses à l'extrémisme de droite. Nous étudierons ensuite les effets que peuvent avoir les luttes

---

[1] Audition de la commission d'enquête du *Bundestag* (huit-clos), 25 avril 2013.

[2] La source 'Piatto' a perçu, entre 1994 et 2000, 50 000 Deutsche Mark dans le cadre de sa collaboration avec les services de la *Verfassungsschutz* de la région du Brandebourg.

politiques dans le changement des pratiques administratives. Enfin, nous montrerons que les fonctionnaires encadrant des services de sécurité peuvent disposer, au niveau local, d'un pouvoir d'initiative non négligeable dans l'organisation de leurs services, donnant parfois lieu à des innovations intéressantes dans les réponses apportées à l'extrémisme de droite.

1. Force d'inertie dans les pratiques administratives : le constat d'une certaine rigidité de l'architecture institutionnelle

« *C'est comme ça et ça le restera toujours* ». Tels ont été les mots choisis par l'ancien Vice-président de la *Verfassungsschutz* de Thuringe pour qualifier le fonctionnement des services de renseignement lors de son audition devant la commission d'enquête fédérale le 21 février 2013 sur la question des transmissions d'informations aux forces de police. Cette intéressante citation souligne le phénomène d'inertie qui persiste chez d'anciens agents de l'État, en dépit des dysfonctionnements révélés par l'enquête sur l'existence de la cellule terroriste NSU. Elle suggère également la difficulté que rencontrent les services de renseignement à concevoir un possible changement dans leurs pratiques. Nous avons précédemment montré que le système institutionnel allemand des administrations de sécurité s'est développé autour de dispositions prévoyant un contrôle externe fort. Le quatrième chapitre souligne que ce contrôle n'est pas mené de manière approfondie (manque de temps des députés, confidentialité empêchant les collaborateurs d'élus de participer largement au travail en PKK/PKGr[1]). Cependant, il semblerait que les administrations chargées de lutter contre l'extrémisme de droite soient également réticentes au fait de partager leurs informations, y compris avec les institutions de contrôle. La commission d'enquête fédérale rencontre ainsi depuis sa mise en place d'importantes difficultés pour obtenir tous les documents dont disposent les administrations chargées de

[1] Pour rappel, il s'agit des commissions parlementaires de contrôle à l'échelon régional et fédéral.

répondre à l'extrémisme de droite en termes de sécurité (ce qui inclut donc également le MAD, services de renseignement militaire). En septembre 2012, la commission apprend ainsi que le MAD a essayé de dissimuler un document faisant état des activités de l'un des trois terroristes présumés, Uwe Mundlos, lors de son service militaire[1]. De même, lors de la session de la commission d'enquête fédérale du 28 février 2013, les députés réalisent que la police criminelle fédérale (BKA) leur a caché l'existence d'une pièce déterminante pour l'enquête trouvée lors d'une perquisition dans un garage en 1998. Un dernier élément marquant réside dans le nombre significatif de certificats médicaux parvenus à la commission d'enquête du *Bundestag* de la part d'agents (ou d'ex-agents) des *Verfassungsschutz* afin de ne pas avoir à comparaitre et à se justifier devant les députés[2]. Ces exemples montrent que les services de renseignement et la police émettent de fortes réticences à mettre la totalité de leurs informations à la disposition d'une commission d'enquête parlementaire, en dépit des prérogatives législatives de cette dernière. De fait, ce refus avéré de se soumettre à un contrôle approfondi de leur travail montre la faible propension des administrations de sécurité à accepter de rendre des comptes aux parlementaires, susceptibles d'imposer aux administrations des évolutions dans leurs pratiques.

La routine est un autre phénomène majeur dans les administrations qui nous intéresse. Depuis novembre 2011, de nombreux changements sont intervenus dans la mise en œuvre des réponses étatiques à l'extrémisme de droite : introduction de nouvelles règles dans le recrutement des « indicateurs », introduction du RED, du GETZ... Or, il semblerait que les pratiques routinières de certains fonctionnaires empêchent la mise en œuvre des nouvelles règles. Un haut fonctionnaire du ministère fédéral de l'Intérieur[3] souligne à ce titre la difficulté de neutraliser les habitudes administratives :

> « Ce n'est jamais facile pour une administration de s'adapter. Il existe toujours des habitudes, qui sont difficiles à soulever et influencer. Il faut un moyen de pression, montrer que le risque

[1] Audition de la commission d'enquête du 11 septembre 2012, Bundestag.
[2] Hartfrid Wolff, député fédéral, FDP, conférence de presse, 22 février 2013.
[3] Entretien le 5 mars 2013, ministère de l'Intérieur fédéral, Berlin.

existe, c'est désormais le cas dans le domaine de l'extrémisme de droite. »

L'introduction de la nouvelle base de données RED par le gouvernement fédéral semble en témoigner. Le directeur de la police criminelle de Berlin nous explique que ce système informatique représente une difficulté supplémentaire dans le travail de ses agents. Le risque étant que certains d'entre eux ne fournissent pas l'effort de travailler sur le RED :

> « C'est très facile de recevoir des informations d'autres administrations depuis notre système informatique puisqu'il est lié à celui des autres administrations. Mais si maintenant je veux savoir si une personne a été suspectée de mener des actions extrémistes, je dois m'enregistrer dans un tout autre système (RED) et taper son nom. C'est une interruption dans mon rythme de travail habituel. C'est toujours mauvais. Parce que dans le doute, l'agent de police peut se dire 'bof pas envie de faire ça maintenant'. Alors toutes les choses qui n'appartiennent pas à mon rythme de travail habituel, qui alourdissent mon travail, je ne les fais pas dans des situations de doute, ou alors pas bien, ou alors pas toujours. »

Dans ce cas, l'agent dispose d'une certaine autonomie : il peut utiliser la base de données RED afin de disposer d'informations sur une personne répertoriée car ayant commis des agissements extrémistes. Utiliser le RED peut donc permettre d'obtenir de nouveaux éléments dans une enquête policière. Mais l'agent en question peut aussi décider de ne pas l'utiliser, cette pratique n'étant pas habituelle. La sociologie administrative montre en effet que « les règlements ne sont jamais suffisants pour encadrer l'action d'un agent administratif qui a la possibilité de jouer avec leur multiplicité. (...) Tout agent administratif dispose d'une certaine liberté d'action[1]. » Un nouvel outil générant une modification des pratiques quotidiennes des agents peut donc ne pas être intégré par les agents administratifs. On peut néanmoins penser que l'usage de tels outils finira par se routiniser au sein de la police, en

[1] Patrick Hassenteufel, *Sociologie politique : l'Action publique.* Paris : Armand Colin, 2011, 2e Édition, p. 96.

particulier parce que la thématique de l'extrémisme de droite est redevenue une priorité au sein des administrations de sécurité après l'affaire NSU. Le recul manque encore et les premières évaluations sur l'utilisation du RED par les administrations seront intéressantes[1]. Mais le témoignage du chef de la police criminelle de Berlin souligne d'ores et déjà que la mise en place d'un nouvel outil, censé améliorer les capacités de coopération des administrations de sécurité entre elles, peut dans un premier temps être ralentie par le poids des habitudes.

Un autre cas de résistance est évoqué par une chef de service de la *Verfassungsschutz*, lorsqu'elle a souhaité réformer ses services en introduisant davantage de travail en commun, une place plus importante à l'évaluation des informations obtenues et un contrôle accru sur les agents recueillant les informations :

> « Naturellement il y a parfois des difficultés. (…) ça fait partie du processus [de changement]. Vous avez environ la moitié des agents qui acceptent bien le changement. Ensuite, un quart suit le mouvement parce qu'ils le doivent. Et le dernier quart, parfois moins, ne participe pas du tout au changement. Ceux-là doivent s'en aller. Ils doivent être mis à la retraite ou aller travailler ailleurs. (...) Lorsqu'il y a une réforme d'envergure, il faut toujours se séparer d'une partie des fonctionnaires. (...) Ce quart d'agents ne voulant pas coopérer lorsque vous mettez en place votre réforme administrative pourrit l'atmosphère et 'contamine' les autres. (...) Ce serait aussi très naïf pour un chef de penser que si l'on fait quelque chose de nouveau, tout le monde va suivre. »

Cet extrait montre que les habitudes prises par certains agents rendent difficile la mise en œuvre de nouveaux modes d'organisation du travail, impliquant dans le cas des services de renseignement un travail commun des fonctionnaires plus intense. À la différence du cas précédent, il s'agit ici d'une résistance s'inscrivant dans le temps, qui n'est en revanche exercée que par une partie du personnel, laissant donc présager une certaine flexibilité de l'administration une fois le renouvellement des agents assuré. Les résistances face aux

[1] Le RED a en effet été introduit en août 2012, les premières évaluations n'ont pas encore été effectuées.

réformes organisationnelles, générées par un contrôle approfondi des méthodes de travail et l'introduction de nouveaux outils ou l'arrivée d'un nouveau directeur, existent au sein des administrations de sécurité. Ces résistances tendent à freiner la mise en œuvre des changements organisationnels au sein des administrations de sécurité. Mais peut-on pour autant en déduire que les administrations de sécurité sont réfractaires à tout changement organisationnel ?

2. Entre ralentisseur et accélérateur : les effets ambivalents des prises de décision politique sur l'acceptation des réformes institutionnelles

Un élément frappant remarqué lors de notre terrain de recherche est le rôle majeur de la sphère politique dans le domaine de la lutte de l'État allemand contre l'extrémisme de droite. Le concept de « politique » se comprend ici comme « étant ce qui se rapporte au gouvernement d'une société dans son ensemble. On définit ainsi une activité que l'on retrouve dans toutes les sociétés (...), mais sous des formes très différentes (...) : l'activité de gouvernement. La politique, c'est donc le gouvernement des sociétés[1] ». Il importe dans ce développement d'étudier les effets des décisions prises par ceux exerçant des fonctions de gouvernement sur les administrations de sécurité. Nous nous limiterons volontairement au rôle de l'exécutif (fédéral et régional), puisque c'est lui qui est à la tête des administrations de sécurité. À ce titre, le cas allemand est particulièrement intéressant puisqu'il réunit 17 gouvernements au sein d'un État. C'est donc l'impact des membres de l'exécutif, à l'échelon fédéral et régional qui nous intéresse ici. Quelles orientations donnent-ils aux services de sécurité luttant contre l'extrémisme de droite ?

Concernant leur influence sur les activités des administrations de sécurité, voici ce qu'a pu nous dire, à titre préliminaire, le directeur de la police criminelle berlinoise :

[1] Jean-Yves Dormagen et Daniel Mouchard, *Introduction à la sociologie politique*. Bruxelles : De Boeck, 3e Édition, 2010, p 11.

[Question] Est-ce que le ministre de l'Intérieur berlinois intervient politiquement sur des dossiers dans le domaine de la lutte contre l'extrémisme de droite ?

> « Oui en effet, dans ce domaine particulièrement, c'est beaucoup de politique ! »

Commençons par définir le terme de « décision politique ». Il se comprend comme un processus de « transformation d'un problème mis sur agenda en proposition de solution[1] ». La décision politique est prise par un agent représentant des intérêts partisans, donc soumis à la pression électorale. Dans notre cas, il s'agit d'une décision émanant d'un acteur comme un ministre de l'Intérieur. Il faut désormais démontrer que la décision politique de ces acteurs agit fortement sur les réponses apportées par les administrations de sécurité et a donc un impact sur leur mise en œuvre. La décision politique est en effet déterminante dans le processus de réforme des administrations de sécurité. Prises par des ministres, les décisions politiques peuvent permettre d'introduire rapidement de nouveaux outils modifiant le fonctionnement de l'architecture des administrations de sécurité. L'exemple le plus probant est certainement celui de l'introduction du GETZ, lieu de coopération entre les forces de police et les services de renseignement dans la lutte contre l'extrémisme de droite. Effectivement, la décision de créer ce lieu de rencontre en quelque sorte « non institutionnel » afin de lui donner plus de flexibilité, a été prise par le ministre de l'Intérieur fédéral Hans-Peter Friedrich[2]. Cette décision était une réponse en réaction au scandale déclenché par les révélations sur l'affaire du NSU. Le président de la police du Brandebourg voit dans la création du GETZ une décision indispensable, le domaine de la sécurité étant un sujet très sensible dans l'opinion publique. La thématique de l'extrémisme de droite a de fait été mise sur l'agenda politique en raison de l'émoi causé par l'existence du NSU et de la responsabilité des administrations publiques. Une

---

[1] Patrick Hassenteufel, *Sociologie politique : l'Action publique.* Paris : Armand Colin, 2de Édition, 2011, p.81.

[2] Création du GETZ annoncée en novembre 2012 par le ministre de l'Intérieur fédéral.

fois les dysfonctionnements communicationnels entre police et services de renseignement mis en lumière[1], la décision politique de créer un centre de coopération rassemblant police et services de renseignement est avant tout apparue comme un moyen de légitimation politique[2], permettant de montrer que le gouvernement allemand agit afin de lutter contre le problème de l'extrémisme de droite, réactualisé par les agissements du NSU. Et effectivement, le *Gemeinsames Abwehrzentrum gegen Rechtsextremismus* (GAR, prédécesseur du GETZ) est inauguré le 16 décembre 2011, un peu plus d'un mois après le dévoilement des agissements du NSU. Mais dans la pratique, cette prise de décision politique a aussi contribué à modifier les pratiques administratives, et le GETZ semble être apprécié par tous les enquêtés interrogés. Le directeur de la police criminelle berlinoise en parle ainsi comme d'une décision

> « très positive, (...) elle présente l'avantage d'instaurer une large coopération menant au débat. Du côté de la police, beaucoup d'éléments (…) peuvent être actés et décidés en commun dans ce type de comité, ce qui permet à tous les Länder d'avancer dans la même direction selon la même conception. (...) L'homme est un être social, tout fonctionne mieux par le contact personnel. C'est selon moi une des forces du fédéralisme, nous devons discuter, échanger démocratiquement, parfois nous disputer, afin de pouvoir mettre en œuvre les meilleures choses. Un spécialiste des questions intérieures de la fraction SPD au Bundestag, parle quant à lui d'une « solution fondamentalement bonne, les comités comme le GETZ étant généralement appréciés ».

Enfin, un haut fonctionnaire du ministère fédéral de l'Intérieur[3] affirme

> « qu'il est encore un peu tôt pour juger du GETZ, mais nous regardons très précisément ce qu'il s'y passe, et c'est excellent. Oui, ça semble être un compliment adressé à nous-

[1] Les médias allemands reportaient depuis novembre 2011 des dysfonctionnements en termes de coopération entre les différentes administrations de sécurité. cf. les unes des magazines Stern, Der Spiegel...

[2] Patrick Hassenteufel, *Sociologie politique : l'Action publique.* Paris : Armand Colin, 2de Édition, 2011, p. 171.

[3] Entretien le 5 mars 2013, ministère fédéral de l'Intérieur, Berlin.

mêmes, mais en réalité le travail de communication règle beaucoup de problèmes. C'est un grand succès. »

Certaines décisions politiques ayant un fort impact sur les pratiques administratives peuvent donc mener, en l'espace de quelques mois, à une approbation générale. C'est le cas d'une structure comme celle du GETZ qui conduit à une modification importante dans la mise en œuvre des réponses à l'extrémisme de droite puisque les administrations de sécurité se rencontrent désormais, et échangent, facilitant la coordination sur les dossiers. Ce cas montre que les administrations de sécurité sont en mesure de faire preuve de réactivité et d'adaptation face à une décision politique recueillant l'unanimité.

Cependant, les effets des décisions politiques prises dans le domaine de la sécurité et de la lutte contre l'extrémisme de droite se révèlent ambivalents. Il existe en effet une compétition, qui n'est pas simplement partisane : il existe ainsi des rivalités entre les régions et l'échelon fédéral autour des compétences de chacun dans le domaine de la sécurité, puisqu'elles sont partagées[1]. Cette compétition politique entre échelons s'exprime principalement de manière institutionnelle, lorsque l'échelon fédéral propose un texte de loi devant être approuvé par le *Bundesrat* (représentation des régions). Or cette compétition empêche en pratique la réforme du système institutionnel et agit donc comme un frein sur l'évolution de la mise en œuvre des réponses à l'extrémisme de droite. Le haut fonctionnaire du ministère fédéral de l'Intérieur rencontré[2] et derrière lui le ministre souhaiteraient par exemple que l'échelon fédéral ait un rôle plus important dans le domaine de la sécurité intérieure et de la lutte contre les extrémismes.

[Question] L'échelon fédéral devrait-il jouer un rôle accru ?

« Je souhaiterais en effet que l'échelon fédéral ait un rôle plus important dans la lutte contre les extrémismes. (...) Je souhaite qu'à l'avenir, on puisse en tant qu'échelon fédéral avoir le droit de dire : 'oh vous faites face à une situation particulièrement

---

[1] Ce n'est en revanche pas le cas dans de nombreux domaines en vertu de l'article 30 de la Loi Fondamentale.

[2] *Ibid.*

difficile. Toi, région Thuringe, je te dessaisis de l'affaire et m'en occupe, c'est à moi de prendre le relais'. Un droit de prise en charge volontaire. (...) Mais les régions n'en veulent pas. »

De son côté, le président de la police du Brandebourg, souligne que la centralisation (et par là même le droit de prise en charge volontaire) dans le domaine de la sécurité intérieure n'est pas d'actualité puisque les Länder ne la souhaitent pas. Il ajoute même qu'il observe plutôt un phénomène de formation « *de principautés*[1] », conduisant à la formation d'un État où chacune d'entre elles cherche ses propres solutions à l'extrémisme de droite. Ces deux témoignages démontrent avant tout la fragmentation des intérêts entre d'un côté un échelon fédéral souhaitant jouer un rôle lui donnant la possibilité d'intervenir dans le domaine de la sécurité intérieure en cas de difficultés, et de l'autre des Länder attachés à leurs prérogatives et cherchant à les préserver. Or, ces tensions nées de la compétition entre les collectivités conduisent en pratique à générer des dysfonctionnements au sein de l'architecture institutionnelle des administrations de sécurité : dans le cas du NSU, la Thuringe, par exemple, n'a pas demandé l'aide de l'échelon fédéral (ou de tout autre Land) alors même que les commissions d'enquête montrent aujourd'hui que les administrations de Thuringe connaissaient des « pannes »[2] aussi bien dans l'enquête de la police sur le trio avant qu'il ne devienne le NSU, qu'au sein de la *Verfassungsschutz* où le contrôle interne était inefficient[3].

Les enjeux politiques ont un double effet sur l'évolution de l'architecture institutionnelle répondant à l'extrême droite : ils jouent un rôle d'accélérateur lorsqu'il s'agit d'imaginer des solutions allant au-delà des clivages institutionnels comme le GETZ, puisqu'elles permettent de mettre en place un nouvel outil de manière rapide. En revanche, ces avancées sont à relativiser puisque la compétition politique existant dans le domaine de la sécurité, principalement entre l'échelon fédéral et celui des Länder, crée des blocages, rendant une coopération

[1] Le terme utilisé en allemand est *Fürstentum*.
[2] Rapport du juge Schäfer, p. 260.
[3] *Ibid.*

territoriale difficile. Le dévoilement de l'existence du trio NSU a pourtant montré qu'un véritable travail en commun aurait été souhaitable dans la lutte contre l'extrémisme de droite.

3. Le rôle des initiatives locales dans l'adaptation des administrations aux nouveaux enjeux de la lutte contre l'extrémisme de droite

Au-delà de l'effet de la prise de décision gouvernementale, les initiatives locales lancées par des acteurs des administrations de sécurité peuvent constituer des leviers d'évolution rapide pour la mise en œuvre des réponses étatiques contre l'extrémisme de droite. À cet égard, nous allons nous concentrer sur un cas d'étude, celui de la ville de Dortmund, dans le Land de Rhénanie-du-Nord-Westphalie (NRW). Dans cette ville, les mouvements de la droite radicale sont fortement implantés depuis la fin des années 1990, se développant notamment autour de manifestations régulières rassemblant entre 200 et 600 participants[1]. La scène extrémiste de droite s'articule principalement autour de la Camaraderie Dortmund ainsi que les Nationalistes Autonomes, dont les militants se caractérisent par leur jeune âge (entre 18 et 30 ans). Leurs activités se singularisent selon le directeur de la police criminelle de Dortmund par des actions « *subtiles, pas évidentes – ou plutôt pas complètement illégales. Cependant, leur idéologie ainsi que leur propension à la violence sont les mêmes que celles des groupes néonazis plus traditionnels* ». La municipalité de Dortmund fait également état d'actions plus nouvelles, centrées sur les écoles, promettant aux jeunes personnes de l'action[2]. Concernant l'organisation des Nationalistes Autonomes, le directeur de la police criminelle de Dortmund explique qu'ils « *se rencontrent toutes les semaines autour d'un cœur de groupe d'une quinzaine de personnes, avec 3-4 personnes dirigeant le mouvement. Le groupe dispose d'un vivier d'environ 40 néonazis pouvant être mobilisés*

[1] Réponse issue de notre questionnaire écrit, le 27 mars 2013, par le directeur de la police criminelle de Dortmund, NRW.

[2] Rapport de la ville de Dortmund, *Dortmunder Aktionsplan gegen Rechtsextremismus*, 24 novembre 2011.

ponctuellement. » Mais la spécificité de Dortmund est de connaître une multiplication des groupes de ce type : le directeur de la police de Dortmund nous énumère ainsi l'existence d'autres groupuscules comme la Résistance Nationale Dortmund ou le front Skinhead DO-Dortmund. Face à ce phénomène urbain, la police de Dortmund avait, jusqu'en 2012, un « *Konzept Rechts* » (une sorte de « ligne politique » de lutte contre la droite radicale locale), consistant principalement à augmenter la présence et la visibilité des troupes de police en effectuant des contrôles réguliers sur les lieux de rencontre de ces groupes. En parallèle, le directeur de la police criminelle de Dortmund souligne que les forces de l'ordre ont étendu leur travail d'information (et donc de prévention) auprès de la population sur ce qu'est l'extrémisme de droite, en organisant des événements autour de ces thématiques, nécessitant des partenariats entre écoles et police. Il souligne cependant que malgré ces efforts développés dans le cadre du *Konzept Rechts*, les mouvements de la droite radicale implantés sur le territoire ont subsisté. Ne se satisfaisant pas d'un « concept » qu'il considérait comme trop peu durable, il a commencé au début de l'année 2013 à développer une *Besondere Aufbauorganisation* (BAO). Il s'agit d'un outil juridique existant dans l'administration allemande, et permettant de « créer provisoirement une nouvelle forme organisationnelle dans le cadre de tâches importantes et complexes, en particulier des mesures pour des motifs particuliers, qui ne peuvent être assumées dans le cadre des classiques *Allgemeine Aufbauorganisation* (AAO- structure de service classique) »[1]. Concrètement, cet outil a permis au directeur de la police criminelle de Dortmund de développer la BAO '*Kein Raum für Rechtsextreme*'[2]. Grâce au soutien politique du ministère de l'Intérieur régional – le ministre de l'Intérieur s'est engagé depuis 2011 avec son *Acht Punkte Programm* dans la lutte

[1] Polizeidienstvorschrift 100 (Règlement intérieur de la police), Annexe 20, p. 135, Version actualisée, mars 2009.

[2] En français : pas de place pour les extrémistes de droite.

contre l'extrémisme de droite en NRW[1] –, la police de Dortmund dispose de 10 postes fixes supplémentaires en guise de renfort mis au service de sa nouvelle section luttant contre l'extrémisme de droite. La BAO se compose donc au total de 50 fonctionnaires ayant une longue expérience des groupes d'extrême droite, et se divisant en un service spécialisé sur les enquêtes, un autre sur la protection du territoire, un troisième consacré aux opérations secrètes, une unité chargée de la prévention et enfin un service chargé des relations avec la presse en raison de l'intérêt des médias pour le sujet. La stratégie est de multiplier les contrôles autoroutiers des extrémistes de droite vers leurs lieux de résidence, c'est-à-dire vers les points où ils se rencontrent le soir. La section consacrée à l'observation a pour but d'observer et de surprendre en flagrant délit les activistes lorsqu'ils commettent des infractions en collant des affiches et/ou autocollants néonazis. La police dispose par ailleurs d'une équipe spécialisée dans les tests ADN permettant d'appréhender les individus ayant commis des infractions. Enfin, le ministre de l'Intérieur de NRW[2] a prononcé l'interdiction des associations NW-Dortmund et des camaraderies d'Aachen et Hamm, le 23 août 2012. Le directeur de la police criminelle de Dortmund nous explique qu'une part importante du travail effectué en amont de la formation de la BAO a été le déploiement de 600 agents de police afin de faire appliquer cette interdiction en effectuant de nombreuses perquisitions. L'expérience que mène la ville de Dortmund constitue un exemple pertinent d'initiative prise par un acteur administratif à l'échelon local, qui permet, grâce à l'utilisation des outils juridiques dont il dispose (ici la BAO), de modifier rapidement une partie de l'architecture des administrations de sécurité – ici la police de Dortmund – afin d'adapter la mise en œuvre des réponses apportées à l'extrémisme politique au contexte local. Cet exemple empirique local montre également que l'appui politique, par le biais du ministère de l'Intérieur,

---

[1] Programme avec huit points permettant à l'administration dépendant du ministère de l'Intérieur de NRW de lutter durablement contre l'extrémisme de droite.

[2] Seul le ministre de l'Intérieur peut déclarer l'interdiction d'une association selon le § 3.2 de la loi sur les associations.

permet d'accroître la force de frappe, ce qui est ici illustré par l'interdiction de trois associations ainsi que le renfort de 10 postes ouverts dans le cadre de la BAO de Dortmund.

Nous avons donc pu voir au cours de ce dernier chapitre que l'adaptation des administrations de sécurité aux évolutions organisationnelles dans le domaine de l'extrémisme de droite était marquée par trois principales variables. Tout d'abord, les pratiques administratives semblent en mesure de retarder la mise en œuvre des évolutions administratives, ce qui est illustré par les difficultés des instances de contrôle parlementaire à accéder aux informations confidentielles ou encore l'utilisation de nouveaux outils tels que le RED qui reste encore incertaine. Ensuite, si la décision politique est tantôt intégrée par l'architecture institutionnelle lorsqu'elle est consensuelle comme pour la création du GETZ, elle peut également mener à des blocages lorsqu'elle crée des oppositions politiques fortes notamment entre l'échelon fédéral et régional. Enfin, les initiatives locales, assujetties au volontarisme des cadres des administrations de sécurité, ont un impact direct sur l'adaptation des services à de nouveaux enjeux émanant des groupes de droite extrême, comme c'est le cas à Dortmund. Il s'agit d'un exemple de flexibilité dont peut faire preuve l'architecture institutionnelle des administrations de sécurité en Allemagne au niveau local.

CONCLUSION

Cette recherche s'inscrit dans un contexte spécifique : le dévoilement des agissements du trio d'extrême droite NSU que les forces de l'ordre n'ont pu arrêter, et qui continue d'avoir un impact fort sur l'opinion publique et les représentants politiques. La police ainsi que les services de renseignement, aussi bien régionaux que fédéraux, sont au centre d'une polémique remettant leur fonctionnement en cause. Nous avons essayé dans cette étude de prendre de la distance vis-à-vis de ce débat, tout en ne pouvant l'ignorer puisqu'il marque un tournant dans les pratiques des administrations de sécurité, telles qu'elles se sont développées depuis l'après-guerre en Allemagne.

L'extrême droite allemande se caractérise par une division marquée entre ses mouvements et par la prépondérance qu'ont les groupuscules informels à forte propension violente, tels que les Camaraderies, issus du milieu socioculturel. Les principales administrations chargées de lutter contre le phénomène extrémiste sont principalement constituées des services de police ainsi que de la *Verfassungsschutz*. Le point central de cette étude visait à souligner l'impact de l'organisation et de la coordination entre ces administrations sur les réponses à l'extrémisme de droite par les administrations de sécurité.

Nous avons pu montrer qu'il existait une forte atomicité des administrations, en raison de règles historiques telles que le fédéralisme et la *Trennungsgebot*. Cet état de fait rend la mise en place des réponses à l'extrémisme de droite plus complexe. Les administrations de sécurité sont en effet contraintes de travailler en étroite coopération afin d'être en mesure de coordonner leurs actions et d'assurer la sécurité du territoire allemand contre les potentiels extrémistes de droite. Or, nous avons précisément montré que la communication entre ces administrations n'était que peu effective.

Les procédures de contrôle parlementaire, indépendantes du pouvoir exécutif et dotées d'un pouvoir contraignant, sont ancrées dans le système juridique afin d'assurer le bon fonctionnement de l'architecture institutionnelle des administrations de sécurité. Le contrôle devrait donc permettre de déceler d'éventuels dysfonctionnements dans les pratiques des administrations de sécurité. Cependant, nous avons pu souligner que ces mécanismes de contrôle n'exercent pas leur rôle de garant assurant l'effectivité du travail des administrations de sécurité contre les mouvements extrémistes. De récentes réformes apportées à l'architecture des administrations de sécurité ont eu lieu, en particulier à l'échelon régional. Il était donc nécessaire de s'interroger sur la capacité de l'architecture institutionnelle des administrations de sécurité à s'adapter à de tels changements. Cet axe de recherche est un enjeu saillant en raison des pistes de réforme que les commissions d'enquête parlementaires sont actuellement en train de formuler. Nos résultats sur la capacité d'adaptation des administrations de sécurité soulignent des ambivalences : si la force d'inertie des administrations de sécurité est encore forte, en raison notamment de leurs missions confidentielles, elle peut néanmoins être contrebalancée par des décisions organisationnelles prises par les acteurs politiques et administratifs de la sécurité faisant l'unanimité. L'architecture des administrations de sécurité et leurs acteurs exercent donc un fort impact sur les mesures mises en place contre l'extrémisme de droite. Cette étude souligne finalement le hiatus entre des fondements juridiques, fortement ancrés en Allemagne, qui garantissent une protection de la démocratie allemande contre les différents types d'extrémisme et des pratiques administratives rendant la mise en œuvre de ces règles juridiques difficile.

Toutefois, les pratiques des autorités allemandes chargées de la lutte contre l'extrémisme politique font l'objet, depuis 2012, d'une grande remise en question. Cet ouvrage l'a montré, notamment lorsqu'il s'est intéressé à l'introduction de nouveaux outils permettant une lutte plus efficace contre l'extrémisme de droite. Un an après le rendu du rapport de la commission d'enquête parlementaire du Bundestag, des questions restent toujours en suspens quant au rôle des administrations dans l'affaire NSU. De nouvelles commissions d'enquête pourraient ainsi voir le jour, au niveau fédéral aussi bien qu'à l'échelon régional. De nouvelles mesures modifiant la manière de répondre à l'extrémisme de droite ne sont donc pas à exclure en Allemagne, nous invitant ainsi à rester attentifs aux nouvelles évolutions possibles.

Au terme de la lecture de cet ouvrage présentant de manière approfondie les mécanismes de lutte contre l'extrémisme de droite en Allemagne, on est enfin appelé à s'interroger sur la situation de l'autre côté du Rhin, en France. La problématique des réponses que les pouvoirs publics formulent et mettent en œuvre contre l'extrémisme de droite, et contre l'extrémisme politique en général, reste encore peu abordée dans la littérature académique. Il semblerait pourtant intéressant de s'y pencher. L'intérêt public autour de cette thématique est réel dans un pays où les débats autour de l'extrémisme se multiplient. Enfin, force est de constater que l'organisation des services de sécurité pour faire face aux actes extrémistes soulève également de nombreuses questions, comme l'a tristement montré l'affaire Merah[1].

[1] À ce titre, voir le rapport d'information de la Commission des Lois de l'Assemblée nationale, 13 mai 2013.

BIBLIOGRAPHIE

Ouvrages

Ackermann, Robert, *Warum die NPD keinen Erfolg haben kann: Organisation, Programm und Kommunikation einer rechtsextremen Partei.* Opladen : Budrich UniPress, 2012, 385 p.

Backes, Uwe, Mletzko, Matthias, Stoye, Jan. *NPD-Wahlmobilisierung und politisch motivierte Gewalt.* Cologne : Luchterhand, Bundeskriminalamt, 2010, 246 p.

Backes, Uwe, *Politischer Extremismus in demokratischen Verfassungsstaaten. Elemente einer normativen Rahmentheorie*, Opladen : Westdeutscher Verlag, 1989, 385 p.

Birembaum, Guy, *Le Front National en politique.* Paris : Éditions Balland, Collection « Fondements », 1992, 358 p.

Birsl, Ursula, Rechtsextremistische Gewalt : Mädchen und junge Frauen als Täterinnen ? Wissenschaftliche Erkenntnisse und Offene Fragen. *Rechtsextremismus und Gender*, Leverkusen : Verlag Barbara Budrich, 2011, p. 241-264.

Bitzan, Renate, *Braune Schwestern ? Feministische Analysen zu Frauen in der extremen Rechten.* Unrast, 2005, 142 p.

Borgs-Maciejewski, Hermann, *Was jeder vom Verfassungsschutz wissen sollte, Aufgaben, Methoden, Organisation ;* Heidelberg : Decker & Müller, 1988, 156 p.

Canu, Isabelle, Der Schutz der Demokratie in Deutschland und Frankreich- Ein Vergleich des Umgangs mit politischem Extremismus vor dem Hintergrund der europäischen Integration, Opladen : Leske+Budrich, 1997, 358 p.

Cappocia, Giovanni, Legislative Responses to Extremism. The 'Protection of Democracy' in the First Czechoslovak Republic 1920-1938, *East European Politics and Societies*, vol. 16, n° 3, 2002, p. 691-734.

Decker, Oliver, Kiess, Johannes, Brähler, Elmar, *Die Mitte im Umbruch, Rechtsextreme Einstellungen in Deutschland 2012*, Forum Berlin : Friedrich Ebert Stiftung, Verlag Dietz, 2012, 142 p.

Domagen, Jean-Yves, Mouchard, Daniel, *Introduction à la sociologie politique.* Bruxelles : De Boeck, 3e édition, 2010, 271 p.

Downs, William, *Political Extremism in Democracies: Combatting Intolerance.* Basingstoke: Palgrave MacMillan, 2012, 227 p.

Durkheim, Émile, *Les règles de la méthode sociologique*. Paris : Presses universitaires de France, 2007,13e édition, 149 p.

Fennema, Meindert, Maussen, Marcel, « Dealing with Extremists in Public Discussion : Front National and 'Republican Front' in France », *Journal of Political Philosophy*, vol. 8, n° 3, 2000, p. 379-400.

Gusy, Christoph, *Grundrechte und Verfassungsschutz.* Wiesbaden : VS Verlag, 2011, 1e édition, 137 p.

Hassenteufel, Patrick, *Sociologie politique : l'Action publique.* Paris : Armand Colin, 2011, 2e Édition, 318 p.

Heitmeyer, Wilhelm, *Deutsche Zustände*. Francfort/ Main : Suhrkamp, 2010, 319 p.

Heitmeyer, Wilhelm, Sitzer, Peter, Rechtsextremistische Gewalt von Jugendlichen. *Aus Politik und Zeitgeschichte*, n° 37, 2007, p. 3-10.

Jaschke, Hans-Gerd, *Politischer Extremismus.* Bonn : Bundeszentrale für politische Bildung, n° 621, 2007.

Jaschke, Hans-Gerd, *Rechtsextremismus und Fremdenfeindlichkeit- Begriffe, Positionen, Praxisfelder.* Wiesbaden : Westdeutscher Verlag, 2001, 194 p.

Jaschke, Hans-Gerd, *Streitbare Demokratie und Innere Sicherheit- Grundlagen, Praxis und Kritik.* Opladen : Westdeutscher Verlag, 1991, 333 p.

Jobard, Fabien, « Science disciplinée : les mutations sociales et politiques de la science politique contemporaine », *Politix*, 2002, vol. 15, n° 59, p. 89-111.

Kitschelt, Herbert, *The Radical Right in Western Europe : A Comparative Analysis*, University of Michigan Press, 1995, 332 p.

Knill, Christoph, European Policies : The Impact of National Administrative Traditions. *Journal of Public Policy,* 1998, vol. 18, n° 1, p. 1-28.

König, Marko, *Trennung und Zusammenarbeit von Polizei und Nachrichtendiensten. Schriften zum Recht der Inneren Sicherheit.* Tome 7, Fribourg : Boorberg, 2005, 335 p.

Koopmans, Ruud, Rucht, Dieter, Radikalismus als soziale Bewegung ? *Politische Jahresschrift,* Opladen : Westdeutscher Verlag, 1996, p. 265-287.

Kriesi, Hanspeter, Koopmans Ruud, Duyvendak Jan Willem, Giugni Marco G., *New Social Movements in Western Europe : A Comparative Analysis.* Minneapolis : University of Minnesota Press, 1995, 321 p.

Loewenstein, Karl, Legislative Control of Political Extremism in European Democracies. *Columbia Law Review,* 38 (1938), p. 591-622, p. 725-774.

Loewenstein, Karl, Militant Democracy and Fundamental Rights. *The American Political Science Review*, n° 31, 1937, p. 417- 432, 638-658.

Lynen Von Berg, Heinz, Tschiche, Hans-Jochen, *NPD – eine Herausforderung für die Demokratie.* Berlin : Metropol, 2002, 151 p.

Minkenberg, Michael, *The Radical Right in Europe: An Overview*. Gütersloh: Verlag Bertelsmann Stiftung, 2008, 118 p.

Minkenberg, Michael, Repression and Reaction: Militant Democracy and the Radical Right in Germany and France. *Patterns and Prejudice*, 2006, 40(1), p. 25-44.

Minkenberg Michael, From Party to Movement ? The German Radical Right in Transition in Casals, Xavier, *Political Survival on the Extreme Right, European Movements Between the Inherited Past and the Need to Adapt to the Future*. Barcelone : Institut de Ciènces Politiques i Socials, 2005, 168 p.

Minkenberg, Michael, The West European Radical Right as a Collective Actor: Modeling the Impact of Cultural and Structural Variables on Party Formation and Movement Mobilization. *Comparative European Politics,* 2003, vol. 1, n° 1, p. 149-170.

Minkenberg, Michael, *Die Neue Radikale Rechte im Vergleich : USA, Frankreich, Deutschland.* Opladen : Westdeutscher Verlag, 1998, 416 p.

Möller, Kurt, Schumacher, Nils, *Rechte Glatzen, Rechtsextremisme Orientierungs- und Szenezusammenhänge Einstiegs, Verbleibs- und Ausstiegsprozesse von Skinheads.* Wiesbaden : VS Verlag für Sozialwissenschaften, 1ère Edition, 2007, 568 p.

Perrineau, Pascal, *Le symptôme Le Pen : radiographie des électeurs du Front National*. Paris : Fayard, 1997, 256 p.

Peters, Guy, *The Politics of Bureaucracy : An Introduction to Comparative Public Administration.* Routledge : London and New York, 2010, 6e édition, 380 p.

Pfahl-Traughber, Armin, *Rechtsextremismus in der Bundesrepublik.* Munich : C.H. Beck'sche Verlagsbuchhandlung, 1999, 123 p.

Röpke, Andrea, Im Untergrund aber nicht allein. *Aus Politik und Zeitgeschichte*, n° 18-19, 2012.

Ruf, Christoph, Sundermeyer, Olaf, *In der NPD: Reisen in die National Befreite Zone.* Munich : Beck, 2009, 228 p.

Schafranek, Frank Peter, *Die Kompetenzverteilung zwischen Polizei- und Verfassungsschutzbehörden in der Bundesrepublik Deutschland.* Aix-la-Chapelle : Éditions Shaker, 2000, 246 p.

Schellenberg, Britta, Georgi, Viola, Hartmann, Hauke, Seberich, Michael, *Strategien gegen Rechtsextremismus, Band 2: Handlungsempfehlungen für Politik und Praxis*. Verlag Bertelsmann Stiftung, Gütersloh 2005.

Simard, Augustin, L'Échec de la Constitution de Weimar et les Origines de la « Démocratie militante en RFA », *Jus Politicum*, décembre 2008, n° 1.

Stöss, Richard, *Rechtsextremismus im Wandel.* Forum Berlin : Friedrich Ebert Stiftung, Bonn: Bub Bonner Universitätsbuchdruckerei, 2010, 239 p.

Stöss, Richard, *Rechtsextremismus im vereinten Deutschland.* Bonn : Friedrich Ebert Stiftung, 3e édition, 2000, 188 p.

Streiß, Christoph, *Das Trennungsgebot zwischen Polizei und Nachrichtendiensten. Im Lichte aktueller Herausforderungen des Sicherheitsrechts. Rechtspolitisches Symposium.* Francfort/ Main : Peter Lang, 1e édition, 2011, 260 p.

Taguieff, Pierre-André, *Le nouveau national-populisme.* Paris : Éditions du CNRS, 2012, 120 p.

Wolff, Heinrich Amadeus, *Überblick über die Entwicklung der Architektur und Arbeitsweise der Sicherheits- und Ermittlungsbehörden des Bundes und der Länder.* Commission d'enquête du *Bundestag,* mars 2012 (non publié).

Rapports institutionnels

Amadeu Antonio Stiftung, *Das Kartell der Verharmloser- Wie Deutsche Behörden systematisch rechtsextremen Alltagterror bagatellisieren.* Berlin : bild1druck, 2012, 30 p.

Compte-rendu d'activité de la commission de contrôle PKGr, 2009.

Programme du NPD, Site du NPD

Rapport Beyer-Irrgang, *Plenarbericht zum Schlussbericht und Gutachten zum Prüfauftrag des Sächsischen Staatsministeriums des Innern, Untersuchung und Evaluierung des Arbeitsläufe innerhalb des Landesamtes für Verfassungsschutz vorrangig bei ehemaligem OK-Referat*, 2007, 67 p.

Rapport d'experts de Saxe, *Bericht über die Untersuchung und Evaluierung der Arbeitsabläufe und –strukturen des Landesamtes für Verfassungsschutz Sachsen unter besonderer Betrachtung der Ereignisse im Zusammenhang mit dem sog. "Nationalsozialistischer Untergrund"*. Février 2013, 129 p.

Rapport Schäfer, *Gutachten zum Verhalten der Thüringer Behörden und Staatsanwaltschaften bei der Verfolgung des "Zwickauer Trios"*. Erfurt, mai 2012, 265 p.

Rapport de la Verfassungsschutz fédérale, Bundesministerium des Innern, 2011.

Rapport de la Verfassungsschutz de Rhénanie-du-Nord Westphalie, Minister für Inneres und Kommunales des Landes Nordrhein-Westfalen, 2011

Rapport de la Verfassungsschutz du Land Brandebourg, Ministerium des Innern Brandenburg, 2011.

Rapport de la Verfassungsschutz fédérale, Bundesministerium des Innern, 2002.

Rapport de la ville de Dortmund, *Dortmunder Aktionsplan gegen Rechtsextremismus*, 24 novembre 2011.

Site Internet de la 2de commission d'enquête du Bundestag, archives documentaires.

Site Internet du Bundestag, Commission des Affaires intérieures.

Site Internet du Ministère de l'Intérieur de la Rhénanie-du-Nord-Westphalie, Programme en huit points permettant à l'administration dépendant du ministère de l'Intérieur de NRW de lutter durablement contre l'extrémisme de droite, 2011.

Site Internet du Ministère de l'Intérieur du Brandebourg, réforme *Polizei Brandenburg 2020*.

Site Internet du Ministère de l'Intérieur fédéral.

CHRONOLOGIE DES MEURTRES ET ATTENTATS COMMIS PAR LA CELLULE TERRORISTE NSU

9 septembre 2000 : Enver Şimşek est assassiné à Nuremberg en Bavière.

19 janvier 2001 : Explosion d'une bombe dans une épicerie de Cologne, tenue par une famille originaire d'Iran, blessant grièvement la fille du propriétaire, âgée de 19 ans.

13 juin 2001 : Abdurrahim Özüdoğru est assassiné à Nuremberg.

27 juin 2001 : Süleyman Tasköprü est assassiné à Hambourg.

29 août 2001 : Habil Kılıç est assassiné à Munich.

25 février 2004 : Mehmet Turgut est assassiné à Rostock.

9 juin 2004 : Explosion dans la Keupstrasse à Cologne blessant 22 personnes, principalement d'origine turque.

9 juin 2005 : İsmail Yaşar est assassiné à Nuremberg.

15 juin 2005 : Theodorus Boulgarides est assassiné à Munich.

4 avril 2006 : Mehmet Kubaşık est assassiné à Dortmund, NRW.

6 avril 2006 : Deux jours plus tard, Halit Yozgat est assassiné à Kassel dans la Hesse.

25 avril 2007 : Michele Kiesewetter, policière, est assassinée à Nuremberg.

NB : Entre 1999 et 2011, le NSU a commis une série de 14 attaques à main armée dans des banques de Saxe, de Thuringe et du Mecklembourg Poméranie-Occidentale, dérobant plus de 600 000 €

TABLE DES MATIERES

Lexique 9

Préface d'Alexandre DEZE 15

Introduction 19

CHAPITRE 1
L'extrême droite allemande, un phénomène multiforme en opposition avec les valeurs de la Constitution 35

1. L'extrême droite en Allemagne, « l'ennemi » de l'ordre constitutionnel établi 35

2. L'extrême droite allemande, une sphère d'influence disparate 40

3. Réponses de l'État allemand à l'extrémisme allemand 53

CHAPITRE 2
Le concept de la démocratie militante : au fondement de l'architecture institutionnelle allemande répondant à l'extrémisme de droite 59

1. L'influence de la Constitution sur l'architecture des institutions répondant à l'extrémisme politique 60

2. La Trennungsgebot, un concept fondamental pour comprendre l'architecture institutionnelle des administrations de sécurité 65

3. Le fonctionnement concret de l'architecture institutionnelle répondant à l'extrême droite 69

4. Des instruments de coopération pour permettre aux administrations de sécurité de coordonner leurs réponses 76

CHAPITRE 3
L'architecture institutionnelle des administrations à l'épreuve de la coopération 81

1. Une coopération plus difficile entre les institutions 82

2. Effets des règles juridiques sur la coopération entre les administrations de sécurité 84

3. Les effets de l'organisation institutionnelle des services répondant à l'extrémisme de droite sur la mise en œuvre de ces réponses 91

4. Objectifs et effets des nouveaux outils mis en place pour améliorer la coopération entre police et services de renseignement 95

CHAPITRE 4
Le contrôle parlementaire, garant de l'architecture institutionnelle des administrations de sécurité ? 101

1. Le contrôle hiérarchique : assurer la mise en œuvre selon les règles des réponses formulées par l'État à l'extrémisme de droite 101

2. Le contrôle parlementaire : un rôle de garant du fonctionnement de l'architecture des administrations de sécurité chargées de répondre à l'extrémisme de droite 108

CHAPITRE 5
L'architecture des administrations de sécurité : entre inertie et flexibilité 121

1. Force d'inertie dans les pratiques administratives : le constat d'une certaine rigidité de l'architecture institutionnelle 122

2. Entre ralentisseur et accélérateur : les effets ambivalents des prises de décision politique sur l'acceptation des réformes institutionnelles 126

3. Le rôle des initiatives locales dans l'adaptation des administrations aux nouveaux enjeux de la lutte contre l'extrémisme de droite 131

Conclusion 135
Bibliographie 139
Annexe 145

L'HARMATTAN ITALIA
Via Degli Artisti 15; 10124 Torino

L'HARMATTAN HONGRIE
Könyvesbolt ; Kossuth L. u. 14-16
1053 Budapest

L'HARMATTAN KINSHASA
185, avenue Nyangwe
Commune de Lingwala
Kinshasa, R.D. Congo
(00243) 998697603 ou (00243) 999229662

L'HARMATTAN CONGO
67, av. E. P. Lumumba
Bât. – Congo Pharmacie (Bib. Nat.)
BP2874 Brazzaville
harmattan.congo@yahoo.fr

L'HARMATTAN GUINÉE
Almamya Rue KA 028, en face
du restaurant Le Cèdre
OKB agency BP 3470 Conakry
(00224) 657 20 85 08 / 664 28 91 96
harmattanguinee@yahoo.fr

L'HARMATTAN MALI
Rue 73, Porte 536, Niamakoro,
Cité Unicef, Bamako
Tél. 00 (223) 20205724 / +(223) 76378082
poudiougopaul@yahoo.fr
pp.harmattan@gmail.com

L'HARMATTAN CAMEROUN
BP 11486
Face à la SNI, immeuble Don Bosco
Yaoundé
(00237) 99 76 61 66
harmattancam@yahoo.fr

L'HARMATTAN CÔTE D'IVOIRE
Résidence Karl / cité des arts
Abidjan-Cocody 03 BP 1588 Abidjan 03
(00225) 05 77 87 31
etien_nda@yahoo.fr

L'HARMATTAN BURKINA
Penou Achille Some
Ouagadougou
(+226) 70 26 88 27

L'HARMATTAN SÉNÉGAL
10 VDN en face Mermoz, après le pont de Fann
BP 45034 Dakar Fann
33 825 98 58 / 33 860 9858
senharmattan@gmail.com / senlibraire@gmail.com
www.harmattansenegal.com

L'HARMATTAN BÉNIN
ISOR-BENIN
01 BP 359 COTONOU-RP
Quartier Gbèdjromèdé,
Rue Agbélenco, Lot 1247 I
Tél : 00 229 21 32 53 79
christian_dablaka123@yahoo.fr

Achevé d'imprimer par Corlet Numérique - 14110 Condé-sur-Noireau
N° d'Imprimeur : 117495 - Dépôt légal : avril 2015 - *Imprimé en France*